Mulher
FORTE

Olga Ambrosi

Tecla Merlo

Mulher **FORTE**

Dados Internacionais de Catalogação na Publicação (CIP)
(Câmara Brasileira do Livro, SP, Brasil)

Ambrosi, Olga
   Mulher forte / Olga Ambrosi. -- São Paulo : Paulinas, 2018. --
(Coleção alicerces)

   ISBN: 978-85-356-4340-4

   1. Congregação das Filhas de São Paulo - História 2. Merlo, Tecla,
1894-1964 I. Título. II. Série.

17-08325   CDD-271.97092

Índices para catálogo sistemático:
1. Filhas de São Paulo : Religiosas : Biografia e obra   271.97092
2. Irmãs Paulinas : Religiosas : Biografia e obra   271.97092

Edição produzida a partir de obra originalmente publicada em 1967.

Direção-geral: Flávia Reginatto
Editora responsável: Andréia Schweitzer
Copidesque: Ana Cecília Mari
Coordenação de revisão: Marina Mendonça
Revisão: Sandra Sinzato
Gerente de produção: Felício Calegaro Neto
Diagramação: Jéssica Diniz Souza
Capa: Marcelo Laudísio do Amaral Camargo

*Nenhuma parte desta obra poderá ser reproduzida ou transmitida por qualquer forma e/
ou quaisquer meios (eletrônico ou mecânico, incluindo fotocópia e gravação) ou arquivada
em qualquer sistema ou banco de dados sem permissão escrita da Editora. Direitos reservados.*

Paulinas

Rua Dona Inácia Uchoa, 62
04110-020 – São Paulo – SP (Brasil)
Tel.: (11) 2125-3500
http://www.paulinas.com.br – editora@paulinas.com.br
Telemarketing e SAC: 0800-7010081
© Pia Sociedade Filhas de São Paulo – São Paulo, 2018

Sumário

Apresentação 7

Prefácio 11

1. Mulher raríssima 13

2. A educação na família 21

3. Os verdes anos... 29

4. A decisão.. 39

5. A Primeira Mestra 53

6. Virtudes ocultas 71

7. Fé, fortaleza, doçura..87

8. Desprendimento de si, amor a Deus. 103

9. Caridade exímia 113

10. Vida de oração... 129

11. Alma apostólica 143

12. Oferta heroica 161

13. Depoimentos... 181

    Médicos que a viram sofrer...................................... 183

    A Igreja oficial 191

    O Fundador da Família Paulina 195

Oração para pedir graças a Irmã Tecla Merlo................... 198

Cronologia 199

Apresentação

Certamente não foi difícil à hábil pena de Ir. Olga Ambrosi traçar o perfil da mãe da Congregação, Ir. Tecla Merlo. Com efeito, ela viveu ao lado dessa mulher excepcional por boa parte de sua existência.

Lendo as ricas e eloquentes páginas de *Mulher forte* colhe-se a estatura singular de uma jovem que – saindo de um pequeno povoado do norte da Itália, Castagnito, sem grande instrução, de família modesta, mas rica de valores humanos e cristãos – tornou-se religiosa, organizadora de comunidades, animadora de atividades, colaboradora de uma obra que em poucos decênios chegou aos cinco continentes.

Seu desejo ardente era ter mil vidas, para com elas levar o Evangelho em todas as partes do mundo, do Norte ao Sul, do Leste ao Oeste, a fim de que os povos conhecessem a verdade que os faz livres e cidadãos do infinito.

Sua ação cotidiana: estar ao lado do grande profeta das comunicações sociais, Pe. Tiago Alberione, para ajudá-lo na concretização do projeto de Deus: utilizar os meios de comunicação social para que o Evangelho fosse pregado a todos, como fez o Apóstolo Paulo, na sua ânsia de fazer-se tudo para todos, a fim de salvar alguns.

Sua vida, um contínuo avançar nos caminhos mais íngremes da espiritualidade cristã, superando cada dia os obstáculos da própria natureza frágil e delicada para galgar os mais altos graus da santidade, numa doação sem medida às pessoas confiadas a seus cuidados.

O caminho aberto e percorrido por Ir. Tecla, feito de ação e de contemplação, de escuta e de ensinamentos, de silêncio e trabalho, constitui uma herança fecunda para milhares de mulheres que se aventuram a percorrê-lo, porque têm a certeza de que ele conduz à meta: viver e anunciar Jesus Cristo, como fez o Apóstolo Paulo, a milhares de homens e mulheres nos dois mil anos de cristianismo.

Mulher simples e franca, humilde e forte, sábia e criativa, Ir. Tecla colaborou ativa e sabiamente com Pe. Alberione, não apenas na fundação da Congregação das Filhas de São Paulo, mas também nas demais Instituições da Família Paulina, e na multiplicidade de obras que saíam da mente e do coração do fundador, sempre com o objetivo de propagar no mundo o Evangelho de Jesus Cristo.

Ao longo de 40 anos, Ir. Tecla, com seu exemplo de vida, com sua palavra sábia e muita oração, orientou, encorajou, impulsionou a Congregação na concretização dos objetivos propostos por Pe. Alberione.

Como podemos constatar na leitura de *Mulher forte*, Ir. Tecla soube encarnar na própria vida o estilo religioso tradicional com um modo de viver aberto e sensível aos sinais dos tempos, às mudanças culturais e eclesiais que acompanhava e acolhia com grande admiração e simpatia. E, atenta ao progresso científico e tecnológico, soube incentivar suas irmãs a assumirem, com coragem e criatividade, os novos meios na difusão do Evangelho, da fé e da cultura.

Mais que uma biografia, este livro é o testemunho eloquente não apenas da autora – que teve a felicidade de caminhar ao lado dela por muitos anos e das irmãs que Ir. Tecla educou e orientou como filhas amadas –, mas também de pessoas de fora, cardeais, bispos, sacerdotes, leigos, pessoas simples com as quais ela entrava em contato em razão de sua missão, e aquelas que seu coração intuía as necessidades. Todos encontravam em Ir. Tecla uma irmã, uma mestra, uma mãe.

Desejo vivamente que as pessoas, especialmente as jovens, ao lerem *Mulher forte,* se encontrem com Ir. Tecla, sintam seu coração palpitar de amor, percebam sua ternura e acolham a graça que ela lhes deseja obter.

Abram, pois, o coração e entreguem a ela suas preocupações e sofrimentos, desejos e sonhos. Tenho certeza de que se sentirão enriquecidos e consolados.

Irmã Maria Antonieta Bruscato
Superiora provincial
Irmãs Paulinas – Brasil

Prefácio

As Filhas de São Paulo tributam, com este breve "perfil", o mais vivo reconhecimento à Mestra Tecla Merlo, que foi a primeira superiora-geral e mãe da Congregação.

Estes traços biográficos foram primeiramente impressos no coração de cada uma das Filhas de São Paulo, mais do que no papel. Entretanto, a presente obra nos revela também, em cores vivas, a personalidade e a santidade da Primeira Mestra.

Ao lê-la, percebe-se o depoimento de inúmeras Filhas de São Paulo – sua presença reaviva-se com todas as suas características inconfundíveis: prudência, piedade, espírito paulino, caridade, firmeza, docilidade a todas as disposições divinas.

Fui testemunha de sua vida, desde 1915 até o seu falecimento, ocorrido no dia 5 de fevereiro de 1964. A Primeira Mestra esteve sempre em contínua ascensão para Deus.

Os seus segredos? Dois foram os segredos de sua vida, que constituem, aliás, os segredos dos santos e dos apóstolos: humildade e fé.

HUMILDADE que leva à docilidade. Muitas vezes, o que dela se exigia era obscuro, arriscado e pouco apreciado. Mas a sua virtude fazia superar as dificuldades.

FÉ, mas uma fé que leva à oração. Todos lhe conhecemos o espírito de oração, do qual hauriu aquela sabedoria administrativa tão peculiar. Era fraca fisicamente, mas seu espírito era forte, tenaz e obediente até o sacrifício.

Pe. Tiago Alberione
Primeiro Mestre

1
Mulher raríssima

Há cinquenta anos,
às vésperas da Primeira Guerra Mundial,
Teresa Merlo iniciava,
sob a direção do Pe. Tiago Alberione,
a Congregação da Pia Sociedade
Filhas de São Paulo.

A mulher é, sem dúvida, completa quando reúne em si, num todo harmonioso, inteligência e modéstia, atividade e oração, sensibilidade e intuição, fé e coragem.

Se a mulher for orientada unicamente pela razão, dificilmente chegará a certas manifestações de bondade, altruísmo, dedicação, sacrifício e renúncia. Por outro lado, se for demais sensível e sentimental, dificilmente atingirá um equilíbrio perfeito.

Excetuando-se a Mãe de Deus, jamais existiu mulher que possuísse em grau supremo todas as suas qualidades. Nem pode existir. Falta-nos sempre alguma qualidade. O nosso interesse não se volta tanto para quem tudo consegue de imediato, como para quem põe em ação todas as próprias capacidades com um esforço que dura até a morte.

Mulheres impecáveis e perfeitas sob todos os aspectos jamais passaram por este mundo. Mas é inegável a existência de figuras femininas extraordinárias, que foram objeto da abundância dos dons de Deus. Mulheres com as quais Deus *pôde* contar para a realização de seus desígnios particulares e missões especiais.

Mulheres que precederam os tempos. Organizadoras de atividades de âmbito universal. Mulheres que testemunharam a perene vitalidade da Igreja Católica; sublimaram as riquezas infinitas encerradas no coração feminino e confirmaram o poder e a eficiência da obra da mulher na Igreja e na sociedade.

Teresa Merlo pertence ao número dessas mulheres excepcionais. Faleceu no dia 5 de fevereiro de 1964, aos 70 anos de idade. Até então, pouco se falara dela. Durante sua infatigável e laboriosa existência, seu nome quase nunca apareceu nos jornais. Entretanto, na lista das personalidades femininas ela colocou-se entre as maiores, as mais humildes e as mais fortes que entraram na história da primeira metade do século XX.

Generosa, de inteligência viva e de grande espírito de fé, aceitou e empreendeu com coragem – seguindo as diretrizes de um grande sacerdote, Pe. Tiago Alberione – uma atividade extraordinária, até então inédita (como também incompreendida e combatida), mas agora oficialmente reconhecida pela Igreja.

Aos 4 de dezembro de 1963, na conclusão da segunda sessão do Concílio Ecumênico Vaticano II, Sua Santidade Paulo VI aprovou e promulgou o Decreto sobre os Meios de Comunicação Social: imprensa, cinema, rádio, televisão e outros similares que concorrem para a difusão do pensamento.

Em tal circunstância, entre outras coisas, disse Paulo VI: "A Igreja manifesta, com este Decreto, a sua capacidade de unir a vida interior à exterior, a contemplativa à ativa, a oração ao apostolado".

Cinquenta anos antes, Teresa Merlo, com 20 anos apenas, sob a direção do Pe. Alberione, iniciava o apostolado das edições, utilizando os meios que o decreto especifica e unindo admiravelmente as duas vidas: contemplativa e ativa.

"Vida contemplativa na ação – conforme a expressão do Cardeal Larraona. – Não duas vidas, mas uma só vida, simplificada e sintética. Uma vida que consiste unicamente em ver a Deus, servir a Deus e comunicar a Deus."

"Ao pensar na Primeira Mestra e nas Filhas de São Paulo – disse Dom Mistrorigo, bispo de Treviso –, parece-me reevocar a figura tão expressiva e sempre bela da planta e seus frutos."

A planta majestosa e desenvolvida em todos os ramos é a Igreja reunida em Concílio. Um de seus frutos, que já está amadurecendo, é sem dúvida o Instituto das Filhas de São Paulo.

A Primeira Mestra Tecla Merlo soube, como cofundadora, descobrir o sinal dos tempos e, prevendo o dinamismo do Concílio, conseguiu dar, com a riqueza de suas virtudes pessoais, um espírito às suas Filhas: o espírito autêntico da Igreja renovada em Cristo.

Com grande fé, humildade, oração e amor apostólico, depositou no ânimo de suas 2.500 Filhas o *fermentum sanctae novitatis*, infundindo-lhes aquelas ideias de formação eclesial, que melhor correspondem às modernas exigências da evangelização do mundo.

Espalhadas agora em todos os continentes, as Filhas de São Paulo formam, sem dúvida, a glória da própria cofundadora, difundindo incansavelmente a boa imprensa, promovendo o movimento bíblico e litúrgico, testemunhando, com a vida e com as obras, o genuíno *sensus ecclesiae*, o espírito da Igreja. Usando, oportunamente, os meios de comunicação social como instrumentos de apostolado que a técnica hoje lhes oferece, elas concorrem para realizar a "consagração do mundo", que é o grande anseio do Concílio, para que Cristo esteja todo, em todos.

Dom Stoppa, bispo de Alba, afirmou: "Mestra Tecla intuiu profundamente as necessidades da Igreja de hoje e deu à Congregação das Filhas de São Paulo a mensagem do Concílio Ecumênico Vaticano II, os meios de comunicação social: imprensa, cinema, rádio, a fim de que, com tais meios, difundissem por toda parte a Palavra de Deus".

No início, a missão de Teresa foi incompreendida e obstada. Mas isso era óbvio, e certamente ela mesma previu isso, pois a realização das misteriosas obras do Senhor que abrangem o mundo inteiro, sempre exigiram o sofrimento e a renúncia como preço.

Iniciativas e obras, bem como as pessoas que lhes estão ligadas por um chamado de Deus, encontraram sempre mulheres excepcionais, caracterizadas pela fidelidade.

No caminho de São João Bosco, Deus colocou uma mulher: Maria Mazzarello. À generosidade e coragem de Paulina Jaricot, Deus pediu o início e o desenvolvimento das grandes realizações no campo missionário, por meio do Instituto "Propaganda Fide".

Para a fundação da Universidade Católica do Sagrado Coração, da Obra da Realeza, da Ação Católica, ao lado do Pe. Gemelli, teve parte importante e decisiva Armida Barelli.

O apostolado dos meios modernos de comunicação social devia encontrar Teresa Merlo, a partir de 1915.

Ela recebeu poucas aprovações e muitas oposições. Sofreu, rezou, meditou, creu e soube esperar. Sabia que sua obra entrava nos desígnios de Deus. Tal certeza fê-la suportar inteligentemente, com extraordinária serenidade e coragem, as vicissitudes mais cruciantes.

Numa mulher, a modéstia aliada a uma viva inteligência é coisa rara. Teresa possuía essas qualidades harmonicamente fundidas.

Não era *letrada* nem *culta*, na acepção do termo, mas possuía, além da inteligência aguda, a cultura proveniente de sua profunda intuição natural e da viva experiência, da compreensão, da abertura para quaisquer problemas, da riqueza e vivacidade de sentimento. Era possuidora daquele complexo de qualidades que constituem a personalidade, a bondade autêntica, que não é sentimentalismo nem passividade. E a expressão daqueles harmônicos elementos interiores é que fizeram de Teresa Merlo a superiora-geral, ora mansa e submissa, ora enérgica e dominadora, sempre em oração e em plena atividade, decidida, empreendedora e prudente, forte e materna, segundo as circunstâncias ou algum *fato particular* sugeriam à sua intuição e a seu coração cheio de Deus.

2
A educação na família

Para forjar uma personalidade marcante,
é imprescindível a ação materna.
A mãe de Teresa Merlo
foi uma perfeita educadora.
Falava com a prudência dos humildes
que haurem da vida de Cristo a força e o saber.

Aquele lar florescia e prosperava como tantos outros: João, Teresa, Constâncio e Carlos eram os filhos que compunham a família Merlo. Constâncio será sacerdote e Teresa, consagrada a Deus.

Teresa distinguiu-se desde pequena. Era alegre e viva como todas as crianças; mas sempre ordeira, pontual, asseada, piedosa e desembaraçada.

Era de uma beleza notável, iluminada por um olhar profundo, penetrante e doce; cheia de vivacidade, revelou bem cedo a inteligência e os demais predicados com que Deus a enriquecera.

A mãe acolheu as palavras da sogra moribunda como um testamento que devia cumprir-se à risca:

— Vicência, cuide bem da Teresa, porque essa menina deverá fazer um grande bem na vida!

Vicência circundou a filhinha de todo desvelo e atenção. E Teresa era tão delicada, tão fraca, que a mãe vivia em constante preocupação pela sua saúde, como também pela sua formação humana e pelo progresso na virtude. Foi uma educadora exemplar.

Teresa recebeu do pai e, especialmente, da mãe aquela formação religiosa, humana e social, que a ajudaria na valorização de suas qualidades naturais, a fim de desempenhar eficientemente a grande missão que lhe coube e que a tornou preciosa aos olhos de Deus.

O pai tomara como norma de vida o ensinamento evangélico: "Procurai antes de tudo o Reino de Deus e a sua justiça" (Mt 6,33). E realizou-a à risca. Em família e na sociedade, foi exemplo de fé, honestidade e paciência. Para ser assíduo às funções litúrgicas em sua paróquia, sabia pôr de lado até os trabalhos mais urgentes.

Afirma o cônego Leão Constâncio, irmão de Teresa:

> Papai sempre estava ao lado do sacerdote. Participava ativamente do canto litúrgico, recolhido e compenetrado, como um padre. Exigia que durante as funções litúrgicas ficássemos perto dele, que chegássemos cedo à igreja e com o livro de cantos para acompanharmos os cantos. Quando se tratava da glória de Deus e da observância dos dias santos, não era homem de meias medidas.
>
> Acontecia, às vezes, que alguém chegava à igreja um pouco atrasado. À noitinha, durante o jantar, infalivelmente ele inquiria:
>
> – Por que chegou atrasado à igreja?
>
> – Sabe, papai, queríamos acabar o jogo...
>
> – Não fica bem chegar atrasado à igreja. Podiam terminar o jogo mais tarde.
>
> E não admitia desculpas. Não nos poupava de tais reprimendas nem mesmo depois de adultos.
>
> No dia da tomada de posse de minha paróquia, durante o almoço, um amigo da família disse-lhe confidencialmente:

– Parabéns, Heitor. Os estudos de seu filho custaram-lhe tantos sacrifícios! Mas agora, que paróquia ótima que lhe deram! Possui até um vinhedo que é um colosso!

– Eu não fiz sacrifícios por causa dos vinhedos de Barolo, mas para que meu filho trabalhasse incansavelmente na vinha do Senhor! – respondeu o pai calmo e resoluto.

Oh! Que conceito sublime tinha ele acerca do sacerdócio!

A mãe vivia dominada pela preocupação de não permitir "que a sombra do pecado pudesse empanar a beleza da alma de Teresa". Ensinou-a a rezar, acostumou-a a repetir esta oração: *Mater purissima, ora pro nobis* [Mãe puríssima, roga por nós]. Queria que a menina rezasse frequentemente essa jaculatória e cuidava para que o passar dos anos não esmorecesse nela esse bom costume. De vez em quando, quase de surpresa, Teresa ouvia a voz meiga e solícita da mãe a perguntar-lhe:

– Já rezou *Mater purissima*?

Em Castagnito d'Alba, a mãe de Teresa era conhecida por todos como uma mulher de fé simples e profunda, uma mãe solícita no cumprimento de seus deveres, ativa, exemplar e consciente da grandeza de sua missão de educadora. Era dessas senhoras simples, que falam com a prudência dos humildes; que adquirem sabedoria na meditação dos exemplos de Cristo e a essência do amor no contato íntimo com ele no Tabernáculo.

Vicência Rolando amava Teresa, sua única filha, mas amava-a em Deus.

O afeto não é senão "querer o bem da pessoa amada". "Querer o bem – diz Santo Agostinho – é querer Deus na vida de quem se ama e a vida de quem se ama em Deus."

A mãe de Teresa entendeu o amor materno assim. E a sua obra educadora foi realmente eficaz. O vigário de Castagnito, falando de Teresa, pôde dizer: "É tão boa que parece ter nascido sem pecado original".

O filho sacerdote dá este testemunho:

> Mamãe era conhecida na aldeia como mulher religiosa e praticante, mas especialmente como mãe ativa, exemplar e consciente do próprio dever. A educação dos filhos era para ela *missão*, que exercia com esmero e energia. Afastava decididamente da família não apenas o mal, mas até o que parecia menos perfeito.

Sentir a necessidade do melhor, do mais perfeito, é próprio dos santos, que desejam aproximar-se sempre mais de Deus e viver na intimidade com ele.

> Minha mãe viveu seus últimos anos na oração e na meditação, frequentando os sacramentos, embora tivesse que percorrer, diariamente, um caminho íngreme e cansativo para ir à igreja paroquial.
>
> Comungava todos os dias, a não ser que estivesse absolutamente impedida. Então me dizia:
>
> – Hoje não posso ir à igreja. Você nos representará diante de nosso Senhor e rezará por nós. Vai! Comporte-se bem!
>
> Cumpria as práticas de piedade com amor e diligência toda especial.
>
> Nas manhãs de inverno, às vezes era o papai que nos levava à igreja, mas geralmente era a mamãe. Compreendia o enorme sacrifício que nos causava o levantar cedinho, mas insistia muito na ideia de que entre o sacrifício e o merecimento não há proporção. E prosseguia, convicta, o seu sermãozinho: que Deus nos haveria de recompensar; mas que era preciso merecer-lhe as bênçãos, mediante o sacrifício; que o Anjo da

Guarda tudo anota; que é preciso acostumar-se, desde pequenos, a fazer sacrifícios...

De vez em quando, prometia-nos também algum premiozinho. Queria, porém, que agíssemos não por temor, nem em vista do prêmio, mas por convicção. Mandava-nos à missa mesmo que o trabalho fosse urgente. Dizia-nos:

– Depois poderão recuperar o tempo. O trabalho sairá melhor. Vão depressa! Se soubessem o valor de uma missa!

Antes de sairmos revistava-nos um por um. Queria certificar-se se a roupa estava limpa, os sapatos engraxados, a gravata em ordem... Verificava se tínhamos no bolso o livro das orações, o terço, o catecismo e o lenço. Sem essa revisão de mamãe, não saíamos de casa.

À tarde de cada sábado, ajoelhávamos diante de uma imagem na sala e ela nos preparava para a confissão; depois íamos à igreja, e pelo caminho ajudava-nos a fazer o exame de consciência. Entrando na igreja ainda nos recomendava:

– Lembrem-se de dizer tudo ao confessor!

Quando íamos comungar, indicava-nos a página da preparação e do agradecimento. De vez em quando, lembrava-nos do dever de prolongar a ação de graças ao menos durante quinze minutos.

Seguia-nos, enfim, passo a passo: na oração, no estudo, na formação catequética, nas pequenas ocupações e nos brinquedos.

Durante o estudo no seminário, chegavam em casa minhas notas trimestrais. Se não eram muito boas, mamãe fitava-me com olhar perscrutador e dizia-me com voz firme e meiga ao mesmo tempo:

– Espero que você tenha se esforçado ao máximo.

Mas, quanto à nota de comportamento, era intransigente:

– Quero que a nota de comportamento seja sempre 10. E isto você pode conseguir; basta querer!

Quando éramos pequenos, reunia-nos frequentemente diante de um quadro que representava a *presença de Deus* e ensinava-nos o catecismo:

– Meus filhos, Deus vê tudo, ouve tudo, escreve tudo. Para os bons reserva o prêmio, para os maus, o castigo.

Em casa, tínhamos sempre o que fazer. Não sei explicar como, mas o certo é que mamãe encontrava sempre algum trabalho para nós; não queria ver-nos ociosos. Não nos proibia de brincar, mas sob três condições:

– no tempo devido,

– sob sua vigilância,

– com os companheiros que ela conhecia.

Recorria a castigos graves só em casos excepcionais. Não punia sob o impulso da ira. Tinha um método de correção muito variado e proporcional a cada caso. Passava da simples advertência da presença de Deus até à repreensão suave ou mesmo forte; do ressentimento à privação do jantar; de algumas palmadas à confissão sacramental.

Cada um de nós tinha o terço dependurado à cabeceira da cama, para rezá-lo antes de dormir.

Quando mamãe – que vinha ver-nos antes de dormir – via o terço no seu lugar e nós ainda acordados, colocava-o em nossas mãos, dizendo:

– Reze mais um pouco, reze!

Se o esquecimento se tornava habitual, advertia com mais veemência:

– Mau sinal quando não se tem mais vontade de rezar... Um menino que não reza certamente não acabará bem.

Era preciso adormecer com o terço na mão.

3
Os verdes anos

*A Primeira Comunhão levou-a
a familiarizar-se com o Tabernáculo.
Assinalou-lhe o começo
de um longo colóquio,
que lhe revelou em Jesus, o MESTRE,
como também o ponto de apoio concreto
e real para a solução de seus problemas;
o Amigo, ao qual pôde confiar as preocupações
e os anseios de seu coração.*

Nessa atmosfera impregnada de religiosidade, de *consciência do próprio dever*, de conduta irrepreensível, viveu Teresa até a idade de 21 anos. Uma vida familiar simples, cordial, laboriosa. Na família é que aprendeu a obedecer. Obedecia alegremente, mesmo quando lhe custava.

Talvez por isso mesmo é que mais tarde haveria de conseguir de suas filhas, as Irmãs Paulinas, a aceitação alegre da obediência até nas circunstâncias mais difíceis...

A ação educadora de uma mãe tão religiosa e vigilante, que tocava as raias da severidade, não podia deixar de influir profundamente sobre a personalidade da futura *cofundadora*.

Mamãe Vicência plasmou-a sem saber e preparou-lhe o espírito para aceitar, com devotamento e humildade, os ensinamentos, as diretrizes e disposições do Pe. Alberione – o homem extraordinário que Teresa encontrou no momento decisivo da vida. Ao lado dele, caber-lhe-á o dever de desempenhar sua grande missão na Igreja.

Teresa fez os estudos primários em Castagnito, a alegre aldeia assentada sobre colinas, à esquerda do rio Tanaro, entre as cidades de Alba e Ásti.

Estudava com amor, com seriedade e empenho.

De inteligência aberta e pronta, era uma das primeiras da classe, apesar de sua delicada constituição física.

Em Castagnito, o curso elementar constava de três anos apenas. Para frequentar o quarto ano, Teresa teria de percorrer, diariamente, um longo caminho de Castagnito a Guarene. E seus pais julgaram conveniente que fizesse o quarto e o quinto ano em casa, com aulas particulares da professora Carla Maria.

Aprendia com extraordinária facilidade. Com aquele desejo inato de saber, não perdia nem sequer uma palavra. Gravava na memória os ensinamentos da professora, aprofundava-os e assimilava-os.

Essa excelente moça não só lhe ensinou as matérias do currículo escolar, como também a doutrina cristã.

"Creio que a profunda piedade de Teresa – assegura o irmão, Côn. Merlo – ela a deve, em grande parte, à influência de sua professora particular, a Srta. Carla."

Preparadíssima e profundamente compenetrada, Teresa realizou, a 23 de abril de 1902, o seu primeiro encontro com Jesus Eucarístico.

Foi um contato íntimo, consciente, cálido. Passou o dia de sua Primeira Comunhão em grande fervor de espírito. E a partir dessa data teve íntimos e frequentes encontros com Jesus, e esses encontros é que lhe conservaram a inocência.

O Divino Mestre, no Tabernáculo, tornar-se-lhe-ia o grande amor na vida. Não seria apenas o ideal a iluminar-lhe a existência, mas um concreto e real ponto de apoio, ao qual se dirigia para a solução de todas as dificuldades, de todos os problemas, de toda preocupação, grande ou pequena que fosse.

Foi essa constante atração pelo Tabernáculo que a auxiliou a nunca vacilar na fé, na coragem e no amor; que lhe deu força espiritual e tão grande fervor na oração e no desempenho de sua atividade apostólica.

"Marquemos encontro no Tabernáculo. Reencontremo-nos com o Mestre Divino. Com ele temos tudo."

– Posso escrever-lhe algumas vezes? – perguntava-lhe uma jovem Irmã.

– Escreva sempre que quiser. Se puder, responderei imediatamente, senão, direi a Jesus Mestre, no Tabernáculo, que o faça por mim.

A uma outra aconselhava:

– Quando você quiser, marquemos um encontro no Tabernáculo. Lá poderemos sempre encontrar-nos.

Dizia a uma Irmã que partia para as missões:

– Eu a segui e a saudei quando o avião ainda sobrevoava a nossa igreja. Os primeiros tempos serão difíceis, mas com a graça de Deus tudo se supera. Vá ter com Jesus, o verdadeiro consolador, o nosso único auxílio.

Em outra carta à mesma Irmã, escrevia:

– Também eu já fiquei longe de Roma. Os primeiros dias são duros! Coragem! Eu a acompanho com o coração. Mas também aí há um Tabernáculo! E isto é tudo para uma Filha de São Paulo. Diante desse Tabernáculo eu também já rezei. Agora, em espírito eu vejo você no mesmo lugar. Quando sentir muitas saudades, vá a essa fonte. E lá nos encontrará a todas, unidas com Jesus! Ele é o amigo fiel, o conforto, o consolador. Nada nos falta quando Jesus está conosco. Sinta-me sempre unida a você, em espírito.

Numa de suas conferências, disse:

– Vivamos junto do Tabernáculo com toda a alma, mesmo quando fisicamente estamos longe, fazendo apostolado. Deixemos que o Mestre Divino nos instrua, ele Homem-Deus, realmente presente no Tabernáculo. Deixemos que ele nos santifique. Peçamos ao Espírito Santo a graça de nunca vacilar. Que a nossa Congregação seja uma fábrica de santas. Os santos fazem-se tais no Tabernáculo.

Uma Irmã da Islândia escreve:

"Há três anos esteve aqui a Primeira Mestra. Eu e a outra coirmã nos entretínhamos com ela. A certa altura, dissemos-lhe, cheias de entusiasmo: 'Primeira Mestra, a senhora sabe que trabalhamos bastante? Fazemos o apostolado da difusão da imprensa até às 19 horas. Assim podemos imitar a senhora...'.

E ela, dirigindo o olhar à capela e indicando o Tabernáculo respondeu: 'É ele quem faz. É Nosso Senhor quem faz tudo'".

Era comovedor observar a atitude humilde e recolhida com que se punha em oração. Em cada dificuldade dizia: "Vamos rezar".

Ao terminar o curso primário, Teresa continuou a frequentar as aulas de religião na paróquia. Distinguiu-se entre as colegas. Tinha facilidade em *aprender e saborear* a beleza, a sublimidade e a profundeza das verdades cristãs. As verdades da fé tiveram sempre um fascínio especial sobre o seu espírito.

Seu comportamento era tão simples e reservado, que despertava nas colegas uma estima profunda e sincera.

Revelou nos anos da adolescência e da juventude um espírito sensibilíssimo, já preparado para as virtudes que lhe seriam peculiares em toda a vida: humildade, fortaleza, fé e caridade.

Chegou o momento em que Teresa, como todas as jovens de sua idade, pensou em arranjar um trabalho. Não que ela tivesse necessidade de ganhar a vida, mas porque os pais seguiam o princípio de que a mulher só é completa quando sabe fazer de tudo.

Sua saúde, como já dissemos, era de uma delicadeza extrema.

– Você é tão pequena – disse-lhe um dia a mãe com muita graça – que, quando está no quintal, se confunde com as galinhas.

Não podia, portanto, empenhar-se em trabalhos pesados. Aprendeu corte, costura e bordado com as Irmãs "Filhas de Sant'Ana" que dirigiam em Alba o Retiro da Providência.

Nesse novo ambiente, muito parecido com o que encontraria nos inícios da fundação do Instituto das Filhas de São Paulo, Teresa passou dias alegres, laboriosos e silenciosos. Quase não se notava a sua presença.

As irmãs Saglietti, colegas de Teresa, afirmam:

– Teresa Merlo nos ficou sempre na lembrança. Nós, catequistas, a tínhamos como exemplo de prudência e humildade. Nunca ela se punha em evidência. Embora fosse a mais inteligente e a melhor de todas as catequistas, era sempre a última a dar a sua opinião. Nas discussões era ela a única que sabia restaurar a harmonia, com uma tática toda especial. Teresa não tinha aquela exuberância tão própria da juventude, que é despreocupada e que chama atenção sobre si. Era muito respeitosa, discreta, educada, distinta no porte. Sabia conservar-se no próprio lugar e exatamente por isso é que se distinguia e agradava a todas.

Mais tarde, seus pais enviaram-na a Turim para que, orientada por pessoas conhecidas e de confiança, pudesse aperfeiçoar-se na costura. Não que pretendessem fazer dela uma costureira, mas queriam que a filha se preparasse bem para a vida.

– A mulher que não sabe costurar não é completa – dizia-lhe a mãe. E Teresa, embora não tencionasse fazer carreira profissional, tornou-se costureira categorizada.

Quando voltou para casa abriu uma escola de corte, costura e bordado para moças que quisessem tornar-se costureiras ou preparar com esmero o próprio enxoval.

As moças que nesse tempo frequentaram sua casa puderam admirar as virtudes de Teresa: sua afabilidade, compreensão e dedicação generosa e desinteressada para com suas aprendizes.

Usava de todos os meios para aproximá-las de Deus. Exortava-as à modéstia e à oração.

Afirma uma colega de infância:

– Mamãe mandou-me aprender a bordar e a costurar com ela. Estive em sua companhia cerca de três meses. Guardo ótimas recordações dela. Dava-me bons conselhos, rezava comigo o terço e repreendia-me quando não me comportava bem. Eu gostava de acompanhá-la quando ia dar catecismo para as crianças. Consolava as pessoas aflitas com palavras cheias de fé e coragem.

Lembro-me de um fato muito curioso: tinha eu uma cestinha de trabalho em cuja tampa havia um espelho. E espelhava-me a cada instante, durante o trabalho. Uma vez, Teresa colheu-me de surpresa. Não disse nada, mas fechou-me delicadamente o cestinho. Não disse nada nem me mostrei contrariada, porque compreendi que queria dar-me uma lição, pois tratava-se realmente de pura vaidade.

Dela sempre recebi ótimas impressões. Teresa Merlo possuía uma maturidade que não se notava nas outras.

"Minha Irmã Teresinha – recorda o Côn. Merlo –, antes de ir para Alba a fim de iniciar a Congregação das Filhas de São Paulo, sob a orientação do Pe. Alberione – tinha aberto em casa uma pequena escola de costura e bordado, frequentada por algumas moças da aldeia. No programa de cada dia havia a recitação do terço e uma brevíssima leitura espiritual."

Desse modo, sem o saber, Teresa ia fazendo as primeiras experiências da futura missão. Revelava já a tendência de unir o trabalho à oração, levando desde então aquela maneira de viver que mais tarde incutiria incessantemente nas numerosas Filhas de São Paulo:

– Devemos agarrar-nos à oração como a uma âncora de salvação. A oração não consiste apenas em rezar o terço na Igreja, mas deve ser traduzida em ação, em todas as obras que fazemos durante o dia. É à oração vital que devemos tender.

Lemos em suas *conferências*:

"Deus nos criou, elevou-nos à vida sobrenatural, infundiu-nos a fé, a esperança, a caridade; deu-nos a graça da vocação e enriqueceu-nos com os meios e as graças do apostolado, de um apostolado tão lindo! Elevamos durante o dia o pensamento a Deus? Rezamos jaculatórias? As jaculatórias são telefonemas que fazemos a Jesus, a Nossa Senhora, aos santos; telefonemas que expressam nosso amor, nossa gratidão e lembrança, e com os quais pedimos auxílio em nossas necessidades".

Assim, com simplicidade, mas num fervor intenso e consciente, ia transcorrendo seus dias no trabalho e na oração.

Costumava fazer meditação diária e algumas vezes ia a Nizza Monferrato para os exercícios espirituais.

Ao regressar a casa, não cabia em si de contentamento, pela alegria daqueles ricos dias de instrução, de leituras e, especialmente, cheios de oração, num clima de recolhimento absoluto. Não conseguia exprimir em palavras sua grande felicidade, mas o seu semblante luminoso e sereno dizia tudo.

Segundo confirmam os familiares e as pessoas que a conheceram quando criança e adolescente, Teresa passou sua juventude colhendo preciosas experiências das quais deu provas com rara prudência, sabedoria e discrição, nos longos anos de governo.

– A jovem – atesta o Pe. Alberione – era perfeitamente equilibrada. Resplandeciam nela não só as virtudes cristãs, mas primeiramente as virtudes humanas, familiares e sociais. Portava-se com dignidade; era humilde, serena e piedosa. A verdadeira santidade começa com as virtudes humanas, naturais. E nessas ela distinguiu-se, como testemunham todos os que a conheceram.

4
A decisão

Com pouco mais de 20 anos,
nos encontros que Deus predispõe
por particulares desígnios seus,
Teresa descobriu que dizer sim
é o segredo da resposta ao chamado de Deus,
cuja clareza chega lenta, meditada e sofrida,
através das misteriosas articulações da doação,
da obediência e da fidelidade.

Inteligente, honesta, com uma profundidade inata, Teresa tinha conseguido aos 20 anos uma maturidade completa e uma sólida formação espiritual. Por isso, a escolha de estado foi para ela uma resolução consciente, meditada. Sentiu, indubitavelmente, toda a beleza e fascínio da vida religiosa, os fortes atrativos da vocação. Mas soube também valorizar as renúncias, os sacrifícios e as dificuldades que exige a vida de consagração.

Refletiu, meditou, pediu conselhos, rezou com o mais intenso fervor. Depois resolveu decididamente consagrar-se a Deus.

Nesse tempo, o jovem Pe. Tiago Alberione – o pioneiro do apostolado moderno –, desprovido de qualquer recurso, enfrentando os mais imprevistos obstáculos, decidira-se empreender uma grandiosa iniciativa.

Esse sacerdote, até estranho sob alguns aspectos, havia aberto algum tempo antes uma pequena Escola Tipográfica, dando início ao apostolado das edições; desejava fundar também uma instituição feminina com a mesma finalidade que a masculina.

– Quem deseja seguir-me? – dissera ele a alguns jovens seminaristas.

Segui-lo? Aonde? Para fazer o quê?

Apesar do aparente absurdo, alguns jovens seminaristas seguiram-no. Essa corajosa e temerária adesão deles devia trazer, para além das simples aparências, o sinal de uma pressagiada visão da grande obra que se realizaria progressivamente.

Entre os seminaristas, havia o clérigo Leão Merlo, irmão de Teresa, que não aderiu ao convite. Pesava-lhe essa recusa, mas faltava coragem para fazê-lo; entretanto, sentia tristeza e até uma certa insegurança e descontentamento, porque estimava sinceramente o Pe. Alberione. E pressentia, embora vagamente, que seu empreendimento não teria jamais falido.

Não o seguiu. Nem prestou sua colaboração pessoal no cuidado dos meninos de 10 a 12 anos, da pequena Escola Tipográfica. Mas, nos desígnios da Providência, foi a pessoa que colocou no caminho do *grande guia* a *mulher ideal*; ela tornou sua a obra de Pe. Alberione, e caminhou a seu lado, rumo à meta.

Quanto à decisão de Teresa para empreender tão árduo caminho, o Côn. Merlo atesta o seguinte:

– Quando eu partia para as férias de junho de 1915, disse-me Pe. Alberione, na hora da despedida:
– Precisaria da ajuda da sua irmã – que é uma boa costureira – para dirigir algumas moças que se dedicam a esse trabalho. Diga a sua mãe que a deixe vir.
Eu já lhe havia dito que minha irmã ia entrar com as Irmãs do Cotolengo. Não tinha ainda sido aceita por ser um pouco fraca e anêmica. Em casa precisava sempre de uma alimentação especial e tomava fortificantes para recuperar a saúde.
Ao chegar em casa, expus imediatamente o desejo do Pe. Alberione, que eu amava e estimava tanto e que também minha mãe conhecia e prezava.

Ela, muito prudente e enérgica, respondeu-me com um decisivo *não*.

– As coisas não me parecem claras – disse. – Teresa pode trabalhar assim também em casa. Ademais, não tem saúde.

Quando mamãe dizia um *não*, não havia mais nada a acrescentar. Eu lastimava não poder satisfazer o desejo de Pe. Alberione. Mas nada podia fazer.

Falei com minha irmã que, embora apreciasse o convite, dispôs-se simplesmente a obedecer à mamãe. Reflexiva e prudente, não deu seu parecer. Certamente ainda pensava nas Irmãs do Cotolengo.

Rezamos juntos a fim de que Deus manifestasse claramente a sua vontade.

Tentei apresentar mais uma vez a questão à mamãe, embora meio tímido.

Após discutir um pouco, pró e contra, respondeu-me:

– Bem, depois veremos.

Era já alguma coisa! Não se tratava mais daquele *não* seco e categórico que suspendia a respiração e cortava a palavra. Entretanto, não voltei a insistir mais, porque conhecia o caráter decidido de mamãe.

Certo dia, Teresa mesma abordou o assunto. Então agarrei a coragem com ambas as mãos e disse à mamãe:

– A senhora sabe muito bem, mamãe, que o Pe. Alberione é bom e trabalha muito. Se ele deseja que Teresa vá algum tempo dirigir as moças que ele reuniu, será certamente por uma finalidade boa. Deixe-a ir. Quinze dias não são o fim do mundo. Alba é tão perto daqui. A senhora poderá vê-la facilmente. E depois, se vir que é uma coisa boa e séria, deixe-a até o outono. Senão poderá ir buscá-la.

Dessa vez mamãe consentiu e ela mesma a acompanhou.

Mãe e filha desceram juntas o morro de Castagnito d'Alba, a fim de apresentar-se ao Pe. Alberione. Teresa ia recolhida e pensativa. Em sua grande e sincera humildade, nem mesmo suspeitava que haveria de ser cofundadora de uma obra maravilhosa e tão eficiente para o mundo de hoje.

Uma só coisa lhe era bem clara: a irrevogável decisão de consagrar-se ilimitadamente a Deus.

Tinha 21 anos. Era alta, elegante, ágil e enérgica. Caminhava junto à mãe, medindo seus passos com os dessa mulher já tão cansada, não tanto pelos anos, como pela guerra que se alastrava pelo mundo inteiro, e cujo pensamento voava até as trincheiras, onde estava seu filho João havia meses. Talvez retardasse os passos, ante o pressentimento de ter que renunciar em breve à única filha dentre os três rapazes, que sempre lhe vivera ao lado, cercada de tanto afeto!

Chegaram por fim à Igreja de São Damião.

– Fique aqui, Teresa, e reze. Eu irei falar com Pe. Alberione.

Depois de alguns instantes, estava de volta.

– Vá – disse à filha –, o Pe. Alberione a espera.

Inverteram-se os papéis. Agora era Teresa que desaparecia porta adentro, enquanto a mãe a aguardava ansiosa, rezando na Igreja. A espera tornava-se cada vez mais ansiosa. Teresa voltou com o mesmo passo ligeiro, numa atitude digna, quase aristocrática, com a mesma serenidade de antes, e, nos olhos, uma luz renovada.

Fitou a mãe e sorriu longamente. Desejaria que aquele prolongado sorriso lhe substituísse quaisquer palavras, revelando à mãe o que acabara de decidir. Teresa era de poucas palavras.

Mas a mãe não se deu por satisfeita com aquele sorriso, com aquela impenetrabilidade. Mostrou-se ansiosa e fez-lhe sinal de sair. Lá fora apressou-se a interrogar a filha:

– Que lhe disse o Pe. Alberione?

– Convidou-me a colaborar na sua obra.

– Mas... que obra?

– O Pe. Alberione disse que a mulher pode fazer um imenso bem às pessoas, com o apostolado da boa imprensa.

– Mas em que isso diz respeito a você? Que é que deve fazer?

– Nada. Apenas lhe obedecer.

Eis tudo. Desde o primeiro encontro com o homem de Deus, que lhe falava da urgência de salvar a todos, de buscar a glória de Deus e de trabalhar para a própria perfeição espiritual, Teresa colocou-se na disposição mais propícia para o êxito. Nada de extraordinário: obedecer. Ter por objetivo a glória de Deus e o bem das pessoas.

Teresa escutou o Pe. Alberione e viu delinear-se – embora em traços ainda imperfeitos – a missão que Deus lhe confiara. E abraçou-a com entusiasmo.

– Mas o que respondeu você ao padre? – insistiu a mãe.

– Respondi-lhe que sim.

Com pouco mais de 20 anos, na flor da idade, Teresa conheceu claramente a sua vocação, feita de doação integral, de obediência completa, de abandono total à vontade de Deus na pessoa de quem o representava.

Com sabedoria simples e profunda, descobrira um segredo de santidade: *a vontade de Deus*. Esse segredo é que sintetiza toda a sua espiritualidade. A vontade de Deus, realizada através de uma obediência constante e perfeita, foi o motivo e o impulso de todo o seu agir, foi a sua contínua aspiração; constitui-lhe o centro dos pensamentos, esteve-lhe no fundo do coração.

Nas cartas escritas às Irmãs, leem-se expressões como esta: "Confiemos em Deus. Coragem! Certas cruzes tornam-nos o espírito robusto. Deus permite tudo para o nosso bem. Inclinemos a cabeça e digamos: 'Seja feita a vossa vontade!'".

Teresa enamorou-se da vontade de Deus, portadora de paz e tranquilidade quando feita com perseverança, mesmo que o caminho seja árduo e semeado de espinhos. A vontade de Deus foi o sol da sua vida.

Uma Irmã atesta o seguinte:

– Um dia ousei perguntar-lhe como é que ela amava a Deus.

Na sua peculiar simplicidade, respondeu:

– Amo-o fazendo simplesmente a sua vontade, momento por momento.

Numa carta que escreveu em 1922 a uma das primeiras Filhas de São Paulo, dizia:

> Sinto-me consolada com o que você me diz, isto é, que reza frequentemente pela pobre Tecla, que tanto necessita de orações. Peça a Deus que me ajude *a cumprir sempre bem, em tudo e sempre, a sua santa vontade, e nada mais que a sua vontade.* Agradeço desde já. Deixo-a unida ao coração de Jesus.
>
> Com afeto, M. Tecla.

"Diga sempre *sim* a Nosso Senhor – escreve a uma outra Irmã –, disponha-se sempre a ir a qualquer lugar, a fazer o trabalho que for. Onde a obediência a chamar, ali você encontrará as graças para a santificação. Diga sempre: Sim, ó Senhor, eu estou pronta! Mesmo nas humilhações, repita: Sim, ó Senhor, eis-me aqui, faze de mim o que quiseres!"

Muitos de seus escritos dirigidos às Irmãs baseiam-se no respeito à vontade de Deus e na plena adesão a esta.

Desta sua convicção é que nasceu a adesão plena e absoluta às disposições do Pe. Alberione, cuja palavra era para ela expressão viva da vontade de Deus.

Não se preocupava com o que o Pe. Alberione pudesse pensar dela. Sua preocupação era uma só: "O Primeiro Mestre[1] é o instrumento da vontade de Deus a meu respeito. O que ele ordenar, isto eu o farei, pois que de mim Deus não quer outra coisa senão a obediência".

Por conseguinte, tornara-se disponível não ao Primeiro Mestre, mas a Deus por intermédio do Primeiro Mestre. Buscava a Deus e não a própria satisfação e muito menos os elogios do fundador.

E exatamente por isso realizou coisas maravilhosas, sem nenhum alarde. Esse é o motivo de toda a sua heroica grandeza.

"A respeito da Primeira Mestra – afirma Pe. Stella, da Pia Sociedade São Paulo –, julgo necessário relevar o seu abandono total nas mãos de Deus, a fim de tornar-se instrumento dócil no cumprimento da grande obra que ele quis realizar na Igreja.

Tal atitude exigiu dela um exercício contínuo de virtudes que se podem chamar de *heroicas* e que ela manifestou em muitíssimas ocasiões. Com efeito, ela devia ser um instrumento dócil nas mãos do *fundador*, o qual precisava realizar os desígnios de Deus, organizando um exército de pessoas a seu serviço, que trabalhassem para santificar a si mesmas e para expandir o Reino de Deus. Por isso, aceitava as diretrizes do fundador e

---

[1] Primeiro Mestre: assim é designado o Pe. Alberione pelas cinco congregações e pelos quatro institutos seculares por ele fundados.

atuava-as com toda a responsabilidade, a qualquer custo, ainda que para tanto lhe fosse preciso exigir das Irmãs pesados sacrifícios.

Nas duras crises econômicas, no apostolado, nas iniciativas difíceis, nas diretrizes do fundador relativas ao espírito religioso peculiar da Congregação, na direção de suas filhas, motivando-as ao exercício das virtudes, nós vimos essa mulher forte caminhar intrepidamente, sempre à frente, à testa de tudo, apoiando-se no fundador, com o báculo de uma fé ilimitada em Deus, num abandono verdadeiramente heroico.

Sua figura evocava a do grande patriarca, que aceitara sacrificar o próprio filho no altar da imolação. Só assim é que se explica sua atitude nos momentos difíceis, quando, com a simplicidade que lhe era característica, revelava confidencialmente às Irmãs que um determinado dever, bastante difícil, representava o desejo do Primeiro Mestre, e que por esse motivo era também vontade de Deus. E ela por primeira carregava a pesada cruz: uma cruz feita de sofrimento, porque suas filhas sofriam."

Atesta Pe. Zilli, da Pia Sociedade São Paulo: "Ela identificou na pessoa do fundador, Pe. Alberione, o enviado de Deus; sob o escudo desse homem viveu serenamente, convicta de estar servindo a uma grande causa".

Viver dependendo de um homem, cujas ideias e perspectivas são vastas como o mundo, não podia ser fácil. Nem Teresa imaginou que fosse. Não obstante, pronunciou o *sim*.

Ignoramos até que ponto tenha avaliado a responsabilidade daquele *sim*. É certo, porém, que permaneceu heroicamente fiel ao seu compromisso.

Começou da maneira mais simples e humilde que se possa imaginar: como costureira. Qual satisfação e novidade, qual nada! Era bem outra coisa: um trabalho monótono, desde que não se tratava de um ateliê de modas, onde a satisfação pode provir de um modelo bem executado, de uma moda nova, de uma criação de particular efeito. Ali não... o trabalho consistia em costurar camisas, o dia inteiro, para os soldados da Primeira Guerra Mundial.

Trabalho simples, comum! Mas não era comum a diligência, a seriedade e a amabilidade com que Teresa o executava. E exatamente por isso, granjeou logo a estima e o respeito de todas.

Não era tanto a expressão serena do rosto ou a penetrante doçura do olhar que conquistava os corações; eram as qualidades interiores, mormente a fé, a humildade e a obediência a quem representava para ela a vontade de Deus.

Sua alma projetava-se para os horizontes do bem, que o Pe. Alberione, paulatinamente, lhe ia manifestando.

Aqueles dias, que no nosso modo de julgar seriam cansativos, monótonos, cheios de sacrifícios e de renúncias, Teresa recorda-os assim:

"Belos dias aqueles, em que transcorremos entre montões de camisas e o ruído das máquinas. Estávamos instaladas no mesmo local recém-desocupado pelos jovens da Escola Tipográfica. Por esse motivo, muitas vezes exclamávamos: 'Quando nos será dado fazer também o que eles fazem!'. Mas não acrescentávamos nem uma palavra a mais".

Quando alguém se abandona inteiramente à vontade de Deus, não sente a necessidade de forçar os acontecimentos nem se impacienta pela demora. Sabia-o Teresa, e por isso não acrescentava nem uma palavra a mais. E não havia nem sombra de mediocridade nessa atitude.

"Reconhecer alegremente o próprio nada, renunciar heroicamente à própria liberdade e consumar a doação total de si mesmo, são coisas incompatíveis com qualquer forma de mediocridade. A humildade que é verdadeira opõe-se a toda forma mesquinha de egoísmo pessoal; manifesta-se, antes, por um estímulo de grandeza e de santa audácia" (Von Hildebrand).

Essas qualidades, Teresa as possuía.

Enquanto costurava, preparava-se para uma missão cujo alcance, provavelmente, ignorava. Foi-lhe suficiente intuir e crer com essa fé heroica, que sabe calar, esperar e rezar.

Certo dia, Pe. Alberione falou do jornal como de um grande mestre das multidões. Repetiu a conhecidíssima expressão de Klepper: "Se São Paulo voltasse à terra, tornar-se-ia jornalista". A seguir, comentou-a com as seguintes palavras de Pio IX: "O grande apóstolo, tão ardoroso em propagar a doutrina de Cristo, teria usado, certamente, com a maior intensidade possível, desse grande meio de divulgação do pensamento e da ideia – a imprensa. E estabeleceria a equivalência entre o ministério da pregação e o uso mais amplo, mais prudente, mais vivo, mais industrioso e mais popularmente genial da imprensa, do livro e do jornal que devoram o espaço".

Talvez fosse essa a primeira vez em que na mente de Teresa se delineou a figura luminosa de São Paulo Apóstolo como o mais remoto precursor do apostolado jornalístico, como pai e valioso protetor seu e da Congregação nascitura.

Começou a invocá-lo com fervor e confiança filial. Amou-o. Teve para com ele uma devoção profunda e pessoal, sentida com transportes, como pessoa viva e sempre presente.

"São Paulo – afirma Teresa, referindo-se aos inícios da Congregação – era de fato o dono da casa. Sua proteção manifestava-se sempre mais intensa e amorosa. Ele preenchia compassivamente as nossas deficiências. As estudantes de Susa começaram a amar a São Paulo, cujo quadro ficava exposto sobre uma mesinha, na livraria. Levavam-lhe flores e ofertas. Até mesmo nas igrejas ouvia-se falar dele com frequência. E nós nos alegrávamos com tais demonstrações de afeto. Queríamos que ele fosse venerado em todo lugar."

E ela esforçou-se o quanto pôde para consegui-lo. Falou dele com insistência, especialmente às Filhas de São Paulo, infundindo-lhes na alma a confiança e o amor, e incitando-as a imitá-lo.

Algumas de suas expressões revelam a intensidade da devoção que tinha por São Paulo:

"Devemos possuir um coração universal como o de São Paulo".

"Imitemos São Paulo na caridade. Ele se fazia tudo para todos. Possuía um coração aberto para com todos."

"Procuremos agir como São Paulo: aceitando todo sofrimento pela glória de Deus e pelo bem de todos. Consideremos todo o imenso bem que ele realizou. Se não tivesse sofrido tanto, talvez o seu apostolado não teria sido tão eficaz."

"Por enquanto – disse o Pe. Alberione – não nos preocupemos com as exterioridades, as reverências e o prestígio. Os fundamentos da nova Congregação deverão ser bem sólidos e escondidos. Quase sepultados. Não nos devemos importar com o conceito do mundo, que não será absolutamente incumbido de dirigir a Congregação ou infundir-lhe o espírito. As jovens felizes, a quem Deus concedeu a graça singular de constituir o primeiro núcleo da Congregação, devem, antes de mais nada, buscar o escondimento, vencer a vaidade, cultivar um profundo espírito de humildade e sacrifício, a fim de imprimir no coração um puríssimo amor a Jesus. Enfim, devem ser suas esposas imaculadas e generosas."

E, de fato, foi preciso transcorrer muito tempo, antes que se concretizasse plenamente o ideal do apostolado das edições, nas múltiplas formas de desenvolvimento e em todos os setores. As obras de Deus não se realizam com facilidade. Na vinha do Senhor não há lugar para quem *tem pressa*, mas para quem sabe esperar, rezar e sofrer.

Entretanto, a oficina de costura, como era chamado o local em que se reuniam as jovens costureiras, começou a receber uma primeira orientação para essa atividade específica, quando se transformou numa pequena loja de artigos religiosos, que tomou depois o nome de Livraria Nova.

Era o primeiro e tímido passo rumo à abertura dos numerosos centros de difusão, dirigidos hoje no mundo inteiro pelas Filhas de São Paulo.

5
A Primeira Mestra

*Em 1922, Teresa consagrou-se a Deus,
recebendo o nome de Tecla.
Todas as suas filhas, porém,
sempre a chamaram de "Primeira Mestra".
Deus serviu-se dela para lançar
a Congregação das Filhas de São Paulo
numa atividade apostólica que recebeu,
com o Decreto do Concílio Vaticano II
sobre os "meios de comunicação social",
o crisma de aprovação e exaltação.*

A guerra chegava à última fase. As três jovens já não costuravam fardas verde-cinzas, mas cadernos da Doutrina Cristã, impressos pelos *pequenos operários* da sociedade tipográfica do Pe. Alberione.

Houve quem aprovasse tal colaboração; muitos, porém, a criticavam. Pe. Alberione manteve-se firme. Lutou sozinho contra dezenas e dezenas de opositores. Provam-no as palavras que ele dirigiu aos seus primeiros jovens, no dia 8 de dezembro de 1917:

> Falo revestido de sobrepeliz e estola, porque tenho a dizer-lhes algo de grandíssima importância. Sabem muito bem que um presidente ou um rei, quando desempenha qualquer ato oficial, reveste-se das insígnias do seu cargo.
>
> Falamos-lhes, muitas vezes, sobre a necessidade de promover a boa imprensa. Ora, muitas pessoas já trabalham neste setor a que consagraram parte do seu tempo e das suas energias: uns para granjear honrarias, outros por fins de lucro, e outros, enfim, por mero prazer. Nós queremos trabalhar não por honrarias, não por lucro nem por diletantismo, mas pela glória de Deus e pelo triunfo de Cristo na sociedade.
>
> Este é um dia histórico que deve ser registrado para que os que nos sucederem possam conhecer os humildes inícios da casa.

Isto não por uma glória nossa, mas, sim, para que se reconheça como Deus se serve dos objetos mais desprezíveis a fim de realizar as maiores obras.

Não é mérito meu ter aberto a casa, mas de São Paulo, que intercedeu por nós junto à Imaculada e esta, a Deus.

Desde o dia da fundação, nossa casa passou por muitas borrascas. Todos nós, e eu, de maneira especial, fomos acusados e denunciados perante o bispo. Corremos sério perigo de ter que fechar a obra. Deus, porém, nos salvou.

Fomos denunciados até em Roma. E quem sabe como nos teríamos saído da situação, se não interviesse um bispo enérgico e sapiente.

Fomos acusados perante o prefeito e o subsecretário. Até mesmo pessoas de bem criticaram muitas vezes a nossa casa. Eu bem sei que cada um de vocês, antes de entrar nesta casa, ouviu críticas. Muitos tiveram que lutar contra verdadeiras e grandes dificuldades.

Tais provas são necessárias para conservar-nos na humildade e lembrar-nos de que somente Deus é o Senhor.

Os jovens renovaram a firme adesão e o devotamento à Congregação nascente. E, por sua vez, as *pioneiras* da boa imprensa não desanimaram. Nenhum comentário, nenhuma palavra, a não ser a do Pe. Fundador, que elas seguiam com toda a docilidade.

Assim narra Teresa as primeiras impressões daqueles tempos:

"Era Deus que nos fazia compreender as coisas e nos dava força. Ele é que dispunha a situação. Esse pensamento infundia-nos coragem e incitava-nos a prosseguir, embora em certos momentos as coisas se tornassem obscuras, ao ponto de não compreendermos mais nada. De minha parte, jamais tive medo, malgrado todas as críticas dos estranhos e as cruzes dentro de casa. Depositávamos a máxima confiança no Pe. Alberione e nosso coração repousava tranquilo, cientes de que éramos guiadas por um pai que buscava unicamente o nosso bem e o das almas".

Teresa depositava no Pe. Fundador uma confiança incondicionada. Dissera-lhe que "sim" e jamais se desmentiu.

"Certo dia – ela mesma afirma – disse-me o Pe. Fundador: 'Tenho a impressão de que a senhora confia demais no Pe. Alberione. Confie somente em Deus'.

Tais palavras fizeram-me refletir muito. E dizia a mim mesma: 'É verdade, confio muito em Deus, mas também no Pe. Fundador porque sei que ele é o enviado de Deus; e por onde ele passa, posso passar também eu. E posso ficar tranquila, que não me enganarei'."

Poder-se-ia ter a impressão de que ela precisasse sempre de alguém que a conduzisse pela mão. Na realidade, porém, não se tratava de uma fraqueza de caráter nem de insegurança (de minha parte, jamais temi coisa alguma). Era, sim, o desejo de corresponder perfeitamente aos desígnios de Deus, fazendo, momento por momento, a sua vontade.

"O Fundador repartia amorosamente conosco o pão da verdade, para nutrir nossas almas ainda em fase de formação. Como nos desciam docemente ao coração aquelas verdades, aqueles conselhos, aquelas palavras pronunciadas com tanta solicitude paterna!"

É Teresa mesma quem assim fala, confirmando o conceito que havíamos formado a seu respeito. Era *sedenta da verdade*; sentia-lhe todo o sabor: "Como nos desciam docemente ao coração aquelas verdades...". Quão humilde e *consciente de sua pequenez*, quando lembrava: "para nutrir nossas almas ainda em fase de formação". E quão profundamente grata se mostrava com quem "repartia amorosamente o pão da verdade".

Os dias transcorriam entre o trabalho, o ensino do Catecismo e o estudo.

Inscreveram-se as três jovens na "Liga catequética" da paróquia de São Damião e frequentavam as aulas de Pedagogia ministradas pelo vigário – servo de Deus, Côn. Francisco Chiesa.

Tais aulas constituíram-lhes uma preparação quase *imediata* ao apostolado específico que Deus esperava da nova Congregação.

A ocasião de iniciar a missão específica apresentou-se-lhes providencialmente. A própria Teresa no-lo narra:

– Um dia – estávamos no verão de 1918 – o fundador nos disse:

– Deus lhes oferece uma ótima oportunidade para fazer o bem. Trata-se de aceitar um jornal diocesano, em Susa, com o encargo de composição, impressão e difusão do mesmo. Estão dispostas a isso?

Naturalmente, não pudemos responder de imediato.

– Que devo responder ao bispo, Dom Castelli, que as solicitou?

– Padre, o senhor sabe quantas somos e o que sabemos fazer. Há só uma, a Emília, que sabe compor... e bem pouco. Como nos arranjaremos?

– Venham a nossa tipografia. Aprenderão a trabalhar. Deus, Nossa Senhora e São Paulo as ajudarão.

– Sim, padre, iremos.

– Então posso aceitar?

– Aceite, sim. Nós iremos a Susa.

– Vão confiantes – concluiu o fundador. – Passarão algum tempo no escondimento. Depois Deus se servirá de vocês.

Foram. E a confiança que Pe. Alberione, Teresa e os primeiros membros da Congregação depositaram em Deus foi recompensada com uma largueza prodigiosa.

Exigiu, entretanto, por parte de todas, muita fé, sacrifício e oração. Durante um mês inteiro, os jovens da *Pia Sociedade São Paulo* empenharam-se em rezar pela nova casa de Susa.

Disse-lhes o Fundador:

"Com a graça de Deus, as Filhas de São Paulo bem cedo alcançarão êxito. Deus ajuda, e logo! Elas são uma planta até agora pouco produtiva, que é preciso ser transplantada.

Para crescer, deverá lançar raízes profundas na humildade, e ser regada com muitas orações. Para serem humildes, as Filhas de São Paulo não precisam de muito, pois mais incapazes do que são é impossível. Se Deus costuma escolher pessoas incapazes, chegou mesmo a vez, pois são capazes só de chorar. Durante um mês, rezaremos por elas".

Conscientes da própria incapacidade, não sabiam senão chorar.

Diz Teresa a este respeito:

"Nosso Senhor ensinou-nos no Evangelho a julgar-nos 'servos inúteis', ainda quando tudo nos sai à perfeição. No nosso caso, queria que se tocasse com a mão que sozinho faria tudo. Ninguém podia julgar-se coisa alguma, porque desse modo teria somente entravado a ação de Deus. Ele queria que aceitássemos completamente a sua vontade e colocássemos nele só toda a nossa confiança".

Tais palavras deixam transparecer características de autobiografia: a grande humildade de Teresa, a confiança ilimitada em Deus e a *disposição para aceitar plenamente a sua vontade.*

Chegaram a Susa no dia 16 de dezembro de 1918. Susa era para elas sinônimo de *oficina tipográfica*. Não lhes interessava a cidade ainda desconhecida. Não as preocupava o clima rígido, nem a velha casa desprovida de tudo.

A tipografia, que tanto haviam desejado, era o único objeto de seus pensamentos e conversas.

O clérigo que Pe. Alberione enviara a Susa, a fim de encaminhá-las nos trabalhos tipográficos, constatou, surpreendido, verdadeiros milagres de boa vontade.

As *pioneiras* do apostolado dos "meios modernos de comunicação social" aprenderam a movimentar máquinas rudimentares, componedores manuais, pinças... a paginar e a corrigir provas com ligeireza e precisão.

Afinal, apenas 15 dias depois de sua chegada a Susa, saiu o primeiro número de *Valsusa*, o jornal diocesano que deixara de circular durante a guerra de 1915-1918.

Quando o Côn. Chiesa recebeu esse primeiro número, no dia 10 de janeiro de 1919, escreveu às jovens:

> Parabéns, minhas boas filhas! Muito bem! Recebi o primeiro número de *Valsusa*. Está ótimo! Quem o distinguiria de qualquer outro jornal, na sua feitura? Vê-se bem que Deus as está abençoando. Que felicidade para vocês! Eis como, de um momento para o outro, subiram à cátedra para ensinar a

uma diocese inteira. Que pregador, na diocese de Susa, tem um auditório tão numeroso como vocês, que dirigem a todos a boa palavra?

Um jornal pode-se lê-lo quando se quer e como se quer: na condução, em casa, na escola, de dia e de noite. Lembrem-se, porém, de que a palavra deve ser animada pelo espírito. Coloquem este espírito em cada palavra que compuserem, em cada página, em cada número de jornal que preparam ou despacham.

Perseverem na graça de Deus e no zelo ardente pela salvação de todos. Considerem-se a todo instante cooperadoras de Deus e auxiliares de Jesus. Seja Nosso Senhor o chefe da casa. Dependam dele através da perfeita obediência às regras. Amem-se como irmãs. Amem-se mutuamente. Ajudem-se, compadeçam-se, suportem-se e consolem-se umas às outras.

Mas, para tudo isso, é preciso que haja um centro de união: esse é Jesus. E não poderia ser outro senão Jesus no Tabernáculo.

Sem dúvida é uma carta maravilhosa! Clara, animadora, orienta decididamente. Vibra em cada linha a alma apostólica, o espírito peculiar da Congregação Paulina. Evidencia-se nela um conhecimento perfeito do poder da imprensa sobre o espírito humano.

Percebe-se ainda uma convicção profunda da inutilidade das nossas ações, se não forem vivificadas pelo espírito sobrenatural e unidas à oração, e se não houver o contato com Cristo-Vida, no Tabernáculo.

Teresa, que era então assistente e guia do pequeno grupo, leu e releu a carta, meditando-lhe o conteúdo sábio e profundo. Procurou aumentar conhecimentos e experiências. Desenvolveu a capacidade de fazer o bem. E trabalhou com aquele entusiasmo autêntico que caracteriza um verdadeiro coração de apóstola. Esse entusiasmo acompanhá-la-á durante toda a vida e ela esforçar-se-á por infundi-lo no coração de cada Filha de São Paulo.

O Sr. Chiesa atesta o seguinte:

"Em 1919 fui chamado por Dom Castelli, bispo de Susa, para dirigir o semanário católico *Valsusa*, cuja impressão tinha sido confiada a sete ou oito moças. Lembro-me do primeiro encontro com a comunidade. A primeira que vi foi Teresa Merlo; seu rosto pálido e muito magro desaparecia sob a luminosidade dos olhos, que brilhavam de uma luz sobrenatural. Disse comigo mesmo: deve ser uma alma de asceta, dessas que vivem só de ar. Ela vivia, pelo contrário, de muita oração.

E qual não foi a minha surpresa, quando me perguntou:

– O senhor é o jornalista Chiesa, não é verdade? Quando convencerá suas duas primas, Margarida e Gina, a entrarem em nossa Congregação?

Fiquei sem palavra.

Teresa Merlo devia já possuir o fervor do apostolado e o ardor de fazer prosélitos para a nova instituição, pois que se aproveitava de toda ocasião para procurar outros membros".

Em Susa fizeram as primeiras experiências no apostolado da redação, impressão e difusão. Abriram uma livraria mais completa do que a *Livraria Nova* de Alba, a fim de poderem servir melhor o clero e os fiéis.

Começaram também os estudos, que constituiriam uma parte importante para o exercício de um apostolado mais eficiente. Assim afirmou o fundador:

– Para as Filhas de São Paulo tratava-se de uma vocação nova. A Primeira Mestra recebeu ampla instrução do Côn.

Chiesa. Assim pôde ela alargar os próprios conhecimentos e o coração para o bem das pessoas. Aprendeu a conhecer os meios técnicos e a sua importância para a difusão do bem.

Pe. Alberione orientou-as na devoção a Jesus Mestre, a Rainha dos Apóstolos e a São Paulo Apóstolo. E assim passaram a uma primeira forma de vida religiosa feita de oração, de observância e de prática das virtudes.

O fundador dissera-lhes: "Vão confiantes. Ficarão lá por algum tempo, no escondimento. Depois Deus se servirá de vocês".

Alguns anos depois, Teresa deixava Susa para voltar, com o pequeno grupo emigrante, a Alba, para dar incremento a várias iniciativas existentes na Congregação e para desempenhar melhor a missão que Deus lhe confiara.

Deu-se ao trabalho com todas as energias. A sua admirável paciência, prudência, sensibilidade e fé granjearem-lhe a confiança e a afeição de todas.

O Instituto parecia submetido à ação de uma misteriosa e prodigiosa força de expansão.

Às Filhas de São Paulo não é dado parar: *sempre a caminho! Lançar-se sempre à frente!* É a palavra de ordem do fundador. Ninguém deve parar. Demonstra mediocridade de espírito os que, depois de haverem alcançado a meta, detêm-se para comprazer-se em tê-la alcançado. Entre os apóstolos, não há lugar para medíocres, pois os apóstolos têm um único objetivo: buscar o melhor. Não ficam a examinar os ideais conquistados; seus olhares perscrutam novas metas e novas conquistas a alcançar. Como São Paulo, os apóstolos "lançam-se para a frente" (Fl 3,13).

Depois de sete anos de provas, de trabalho escondido, de sacrifício humilde, de oração incessante e de vida religiosa ignorada pelo mundo, nove dentre aquelas jovens, após um curso de exercícios espirituais, consagraram-se a Deus e à própria missão específica, mediante os votos públicos de pobreza, castidade e obediência. Estava, pois, constituída a *Pia Sociedade Filhas de São Paulo.*

Teresa Merlo recebeu o nome de Tecla – a primeira discípula de São Paulo – e foi eleita, pelo Pe. Fundador, superiora da nova Congregação.

Já havia algum tempo, o Pe. Alberione vinha perguntando às jovens, que estavam em Alba, um parecer sobre Teresa. Todas manifestavam profunda estima e devotamento a ela.

"De minha parte – disse de Mestra Teresa, uma das primeiras nove professas do Instituto –, estando perto dela tenho o mesmo entusiasmo que experimento quando leio a vida de algum santo, com o desejo de imitá-lo."

O Fundador aprovou essa opinião com um sorriso e um aceno de cabeça.

Certamente Teresa não teria desejado tal missão. Queria única e simplesmente se doar sem reservas a Nosso Senhor, a fim de que nela se cumprisse totalmente a sua vontade.

Todavia, sua obediência incondicionada e o desejo de corresponder plenamente aos desígnios de Deus, é que a fizeram aceitar tamanha responsabilidade.

O novo ofício lançava-a, sem dúvida, numa empresa muito árdua.

E Teresa, porque humilde, tinha consciência de seus limites, pelo que se julgava indigna e incapaz.

Diz Mestra Brígida – outra dentre as pioneiras e testemunha da eleição: "Ela pôs-se a chorar e disse-me: 'Sabe que recebo a parte de maior responsabilidade? E eu me sinto incapaz...'".

Foi então ter com o Côn. Chiesa, a quem confiou seus sentimentos e perplexidades. Dele recebeu esta resposta:

– Não há outra coisa a fazer senão obedecer e crer. Verá como tudo dará certo!

Aceitou, por causa da ilimitada confiança no auxílio divino. Essa confiança era tão profunda e tranquila, que nem naquele momento, nem depois, coisa alguma, por mais dolorosa que fosse, conseguiu perturbar-lhe a serenidade de espírito. E Teresa teve muitas horas difíceis na vida.

"Não sabem – dizia S. Ema. o Cardeal Larraona ao grande número de Filhas de São Paulo, reunidas no Santuário "Regina Apostolorum" em Roma, por ocasião dos funerais de sua primeira madre-geral – nem poderiam imaginar quanto ela sofreu, trabalhou e rezou!... Agora encontram as coisas já feitas, mas não se fizeram sozinhas. Quantos esforços, quantas inspirações, quantas correspondências, quantos sacrifícios e quanta fé exigiram dela! Quanto foi preciso realmente 'crer contra toda a esperança' (Rm 4,18). É uma vida que é um poema, o início de uma vida religiosa. Deus pensou em vocês, em cada uma, quando preparava o lar, o berço, a família, todo esse ambiente de perfeição e de apostolado que é esta Congregação.

E em tudo isso a Primeira Mestra desempenhou a parte principal. Foi, em certo sentido, a mãe de todas as Congregações Paulinas, porque o desenvolvimento foi lento e teve as suas crises, acompanhadas de preocupações e amarguras. Eu fui testemunha de algumas delas. Sempre com grande edificação de minha parte e com muito interesse, embora nem sempre parecesse, exteriormente, ser assim.

De início, as coisas são um tanto obscuras... vão se esclarecendo aos poucos.

Como é belo fazer a síntese, o balanço de uma vida tão cheia de doação e de vicissitudes.

Lembro-me bem da Madre Tecla, dava uma viva impressão daquilo que era realmente: tudo claro e límpido nela, sem nenhuma afetação."

Capaz como era de viver as *horas difíceis*, jamais deixou transparecer exteriormente quaisquer sinais de perturbação. Devia cumprir uma missão! Sua passagem nesta terra deveria deixar vestígios. Nosso Senhor cumulou de bens sua capacidade receptiva e premiou-lhe a perfeita disponibilidade, prodigalizando-lhe as graças necessárias para a plena realização de seus desígnios. E ela frutificou ao máximo todos os talentos recebidos.

Certo dia, o Pe. Fundador dirigiu à Mestra Tecla e às suas primeiras colaboradoras estas palavras, que tinham acento de profecia:

— Não sei se lhes passou pela cabeça, alguma vez, a ideia de estabelecer comparações entre esta casa, tão pequena, e as demais instituições masculinas e femininas, que há anos, há séculos, fazem um bem imenso na Igreja e na sociedade. Pois bem, digo-lhes que tudo isso é ainda pouco, comparado àquilo que Deus quer, que Deus espera e pede de vocês.

Mestra Tecla sentia mais do que nunca a sua nulidade e baixava os olhos, como para secundar o movimento interior que lhe fazia renovar sua obediência e doação ao serviço de Deus.

Nele havia depositado toda a confiança. Sua jaculatória preferida era: "Eu só, nada posso; com Deus, posso tudo". Essa jaculatória, ela a repetia convictamente, para si e para cada membro da comunidade paulina.

Recebera o título de *Primeira Mestra*, título esse que deveria indicar o espírito peculiar da instituição: o *magistério*, o ensino da verdade, através dos meios modernos de comunicação social. Assim quis o fundador que a chamassem, assim Mestra Tecla o aceitou. Seria a *Primeira Mestra*, à frente de todas.

"Foi realmente a *primeira* – afirmou o fundador –, *primeira* na virtude, *primeira* na observância, *primeira* nas relações da caridade fraterna."

"Tenho sempre diante de mim seu comportamento exemplar nos primeiros tempos, em Alba – escreve uma das primeiras Filhas de São Paulo. – Locomovendo-se, com frequência, de uma seção de trabalho para outra, ela tomava para si o centro de qualquer iniciativa, tornando-se, destarte, a *primeira* em todas as fadigas.

Com sua atitude simples, cordial e espontânea, era a alma de todas: na limpeza da casa, na cozinha, no refeitório, nos recreios e nos trabalhos tipográficos. Fazia tudo tão bem e com tal rapidez, que nos encantávamos em observá-la. Percebia-se desde então que se tratava de uma pessoa muito elevada e rica de dons naturais e sobrenaturais."

Foi exemplar até o fim de seus dias. O seu confessor afirma:

– Oh! Como soube ser *penitente!* Como soube tirar proveito do sacramento do perdão, da purificação e do progresso. Também nisso foi *mestra*, ou melhor, *Primeira Mestra*, até mesmo para mim.

O novo título que o fundador lhe impusera aumentou nela o humilde sentimento de não estar à altura de suas responsabilidades, mas ao mesmo tempo agiu-lhe na alma como um crisma, valorizando-lhe ao máximo a personalidade.

Sobre ser dotada de muitos dons naturais, enriqueceu-se ainda, progressivamente, em virtude daquele generoso "sim" que respondera ao Pe. Alberione, desde o primeiro encontro. Aquele "sim" ela o repetira com igual dedicação, quando se tratou de assumir uma responsabilidade que lhe parecia superior às próprias forças. Aquele mesmo "sim", ela não hesitou pronunciá-lo – embora com os olhos marejados de lágrimas –, quando o fundador a nomeou *Primeira Mestra*. É um sim que ela repetirá com crescente entusiasmo, em qualquer circunstância.

Dependeu do Fundador, em tudo, sempre e com tanta docilidade, como o eco depende da palavra que se pronuncia. Entendera perfeitamente sua posição perante o Fundador: e manteve essa posição com fidelidade até o fim.

Exteriormente, a vida da Primeira Mestra foi em tudo semelhante à das outras Irmãs. Distinguiu-se não pelo cargo que exercia, mas pela simplicidade com que o desempenhava. Uma vida simplíssima, mas excelente, porque sublimada por uma consciente, constante e generosa doação.

A santidade é feita de fidelidade e de amor a Deus. Diante dele só tem valor o *modo*, o *amor*, a *intenção* com que se age, e não o lugar que se ocupa.

A preocupação maior da Primeira Mestra foi não só de agradar a Deus em tudo e a cada momento, na *sua condição*, como também amá-lo, sacrificando-se e sofrendo.

Sabia reconhecer seus limites; estava persuadida de ser uma *coisa* de que Deus podia dispor a seu bel-prazer. E essa dependência de Deus dava-lhe, ao mesmo tempo, motivo de segurança. Por isso, embora profundamente humilde, soube sempre responder com *santa audácia* ao chamado pessoal de Deus.

De resto, "o gesto de uma santa audácia é próprio da pessoa humilde. Como a fé, a esperança e a caridade, também a verdadeira humildade tem suas manifestações de ardor".

Deus a convidara, a chamara pelo nome, como fizera com Isaías: "Eu te chamei pelo nome; és meu" (Is 43,1). Ela respondeu-lhe.

A pessoa realmente humilde responde com generosidade. Tem consciência de ser totalmente indigna, mas também não ignora que é preciso responder quando Deus chama, tal como a Virgem Santíssima: "Eis aqui a escrava do Senhor!" (Lc 1,38).

Escolhida para governar a Congregação, a Primeira Mestra esforçou-se, com extraordinário empenho, para aperfeiçoar aquele complexo de virtudes que já praticava no ambiente familiar e que constituem o adorno mais precioso da alma consagrada a Deus na vida religiosa: *obediência*, que não é perfeita se lhe faltar a humildade; a *pobreza*, inseparável da abnegação; a *castidade*, absolutamente unida ao espírito de oração, à prudência, à caridade e à união com Deus. Essas virtudes fundiram-se admiravelmente no espírito da Primeira Mestra.

Não as possuiu desde o berço. De forma alguma! A Primeira Mestra aperfeiçoou-se com um trabalho diuturno, com um contínuo esforço da vontade, com uma constante e serena preocupação de ouvir as inspirações divinas e segui-las sempre.

Teve também seus defeitos, lutas, conquistas, derrotas e retomadas de posição. Quem a conheceu e a seguiu, desde a fundação até a morte, pôde constatar nela um caminho ascendente e ininterrupto para Deus. Com o passar do tempo, foi se tornando mais refinada de espírito, mais doce, mais condescendente, mais amável e mais humilde.

E exatamente aqui está o poder maravilhoso da graça divina, da ação do Espírito Santo em sua alma.

6
Virtudes ocultas

*A teia de sua vida foi tecida
com o exercício da humildade,
da obediência e do abandono à vontade de Deus.
A tudo isso ela chamava de
virtudes ocultas, virtudes humildes.
E acrescentava: são as virtudes
que mais agradam a Deus.
Nessa ginástica constante do espírito,
a Primeira Mestra procurou
agradar ao Mestre Divino.*

"**P**rofunda estima e grande amor à humildade: eis o segredo dos santos!" A Primeira Mestra possuiu em comum com os santos esse segredo.

Ancorar-se na humildade, ao fazer qualquer ação, foi-lhe sempre uma urgente necessidade de espírito. Propunha às suas Filhas o caminho indubitavelmente seguro da humildade e das demais virtudes afins: docilidade, obediência e abandono à vontade de Deus, às quais ela chamava de *virtudes ocultas*.

Seus conselhos eram simples, mas persuasivos:

– Por que continuamos por anos e anos com os mesmos defeitos? Porque nunca chegamos a esta conclusão: custe o que custar, quero mortificar o meu eu e colocar Deus em seu lugar. Aceito qualquer humilhação, a qualquer preço, mas quero vencer!

Reconhecia em si mesma limites e aspectos pouco agradáveis. Dava, porém, luminoso exemplo de um contínuo trabalho sobre si mesma.

"Façamos uma santa competição para ver quem é capaz de aceitar melhor as humilhações. Exercitar-se na humildade pode tornar-se uma coisa valiosa. Exercitar-se nas humilhações é um trabalho mais concreto que faz adquirir a virtude da santa humildade. Se conseguirmos praticar essa virtude, as outras virão por si."

"Às vezes, nós nos comprazemos: *fizemos isto, fizemos aquilo...* Quem o fez? Foi Deus quem o fez! Se houver algum bem, a Deus somente devemos atribuir. Quanto a nós, resta-nos apenas nos humilhar, pois que tão frequentemente pomos obstáculos às graças de Deus."

"Há quem diga que as Filhas de São Paulo fazem tantas coisas... Mas que fazemos nós? Jesus disse no Evangelho: 'Depois de terdes feito tudo o que vos foi ordenado, dizei: somos servos inúteis'" (Lc 17,10).

"Atenhamo-nos a esta verdade: que somos nós capazes de fazer sozinhas? Nada. Por nós mesmas nada podemos, com Deus podemos tudo."

"Pratiquemos aquela humildade que nos torna serviçais. Jesus veio à terra para servir. E nós nos consideramos *servas*? Não superiores, não dominadoras, mas servas umas das outras. Quando nos dizem alguma palavra menos delicada, suporte-mo-la com paciência, refletindo assim: *sou realmente serva, devo obedecer e servir a todas*. Atenhamo-nos a esse pensamento de humilhação, exatamente como Nossa Senhora que, saudada como Mãe de Deus, declarou-se serva."

"Quando descobrimos em nós algum defeito, rezemos. Peçamos também às Irmãs que rezem por nós. Muitas vezes, é proveitoso pedir desculpas: *eu lhe fiz tal coisa; perdoe-me. Reze por mim*. Assim nós nos exercitamos na virtude e acumulamos merecimentos para o céu. Lembremo-nos de que a vida passa e de que devemos santificar-nos a todo custo."

O seu ponto de apoio para tornar-se humilde era o Divino Mestre, pelo qual ela nutria uma devoção não *especulativa*, mas *vivida*, praticando desse modo o que ele mesmo ordenou: "Dei--vos o exemplo, para que, como eu fiz, assim façais também vós" (Jo 13,15).

A esmerada educação que recebera da mãe já tinha lançado nela uma base sólida da virtude da humildade. Ela mesma o confessa com simplicidade:

— Quando criança, eu frequentava a escola das Irmãs de Sant'Ana, vi certa vez uma Irmã desculpar-se com a superiora. Fiquei impressionada, pois minha mãe tinha-me ensinado que jamais deve alguém desculpar-se. Precisamos ser humildes, aceitar as correções com santa humildade, sem desculpar-nos, ainda que tenhamos razão.

— Com efeito — afirma uma das primeiras Irmãs —, a Primeira Mestra sabia receber recriminações, mesmo que não fosse culpada. Quando alguma jovem abandonava o Instituto ou cometia alguma infração, a Primeira Mestra ajoelhava-se no refeitório e dizia: "Sou eu a culpada. Peço perdão".

Esta sua atitude comovia a todas, porque era fruto de verdadeira humildade. Não era metida a fazer cenas; a Primeira Mestra nunca dramatizava a situação. Foi sempre espontânea, sincera e natural em cada palavra, em cada ação.

Sua vida foi por isso sempre límpida e repleta de paz. Nenhuma duplicidade, nenhuma ostentação, mas uma conduta de retidão, na máxima simplicidade.

Deus, o ser humano, sua própria santificação pelo exercício da humildade e da obediência incondicional: eis a sua fisionomia.

A lei suprema da sua natureza parecia consistir na obediência: uma obediência dócil e total, razão de toda a sua grandeza e santidade.

É preciso heroísmo para seguir os fundadores em suas disposições por vezes tão estranhas aos nossos olhos humanos. Não alcançando descobrir-lhes o ponto de chegada, somos tentados a deter-nos em julgamentos, a fazer restrições ou impor limites à obediência.

A Primeira Mestra obedecia ainda mesmo quando não compreendia os porquês. É evidente que isto lhe custasse, pois todo temperamento *personalista* e inteligente pensa, vê e julga conforme o seu próprio modo de ser.

A julgar pelas aparências, dir-se-ia que a Primeira Mestra, pelo seu comportamento habitual, sentisse o *gosto* pela docilidade e pelo completo abandono, a *sede* de submissão e dependência; a atração pelas virtudes escondidas. A espontaneidade com que falava delas e as praticava, inclinava a tomar como natural o seu modo de agir.

Considerando, porém, o seu caráter forte e volitivo, a capacidade de mandar, a inteligência e personalidade que possuía, não se pode negar que sua humildade e obediência eram frutos de um trabalho constante e sempre renovado sobre si mesma, na conquista da verdadeira virtude, praticada unicamente para agradar a Deus. Era fruto de seu trabalho espiritual corroborado pela graça divina.

Sua obediência e humildade levaram-na a uma tal docilidade ao Fundador, tão leal e forte, que garantiu para ela e para as Filhas de São Paulo uma vida vigorosa e fecunda.

"As obras de Deus – costumava repetir Pe. Alberione – não se constroem com dinheiro; apoiam-se na oração, na fé em Deus, na humildade."

E a Primeira Mestra foi uma pessoa de oração, de fé e de humildade heroica e contínua.

Na meditação pregada às Filhas de São Paulo, no dia 7 de fevereiro de 1964, dois dias após a morte da Primeira Mestra, disse entre outras coisas o Fundador:

– Quais os segredos da santidade da Primeira Mestra? Dois, e são os mesmos dos santos, e garantem pleno êxito: humildade e fé. São Francisco de Sales traduzia-os nestes termos: "Eu só nada posso, com Deus posso tudo". Humildade profunda, que conduz à docilidade. Fé viva, que leva à oração.

Eis alguns episódios que revelam a profunda humildade da Primeira Mestra:

Na casa das Filhas de São Paulo, em Trieste, a Primeira Mestra encontrou-se com um senhor eslavo que admirava o apostolado moderno dos meios de comunicação social, o qual aproveitou a ocasião para agradecer-lhe pelo bem que a Congregação fazia à sociedade. Muito humildemente ela respondeu:

– Mas eu não fiz nada! O Fundador está em Roma, e nós somos simples instrumentos nas mãos de Deus.

O assistente nacional *Pro Claustrali*, Pe. Isidoro, afirma o seguinte:

"Todas as vezes que falava com ela e lhe pedia alguma ajuda para o meu trabalho, eu me sentia comovido. Via-se que a sua característica dominante era realmente uma grande humildade. Poder-se-ia afirmar que nela se concretizavam incessantemente as palavras de São Paulo: *Abscondita cum Christo in Deo* [Escondida com Cristo em Deus] (Cl 3,3).

Mas em seu semblante transparecia a extraordinária energia de que era dotada: segura de si e ao mesmo tempo equilibrada.

Nas reuniões das madres-gerais – continua Pe. Isidoro – eu sentia a obrigação de agradecer às Filhas de São Paulo pela sua especial colaboração. E fazia-o com muita sinceridade e espontaneidade. Uma vez ela me disse: 'Padre, eu lhe suplico, por amor de Deus, não agradeça às Filhas de São Paulo, porque, se são capazes de fazer alguma coisa com o auxílio de Deus, não é necessário que recebam agradecimento deste mundo. Nosso Senhor vê que fazem o bem e as premiará. De resto, o Instituto necessita do bem realizado por suas filhas'.

Percebi nela uma pessoa humilde e, ao mesmo tempo, extremamente decidida".

Certa vez, com os olhos marejados de lágrimas, começou uma conferência à comunidade de Roma nestes termos:

– Peço perdão a todas pelos meus maus exemplos. Sou eu que afasto as graças da Congregação.

Na festa de Santa Tecla, no dia 23 de setembro de 1924, após ter ouvido algumas singelas e cálidas palavras com que a homenagearam, a Primeira Mestra ajoelhou-se no meio da pequena comunidade que estava ali reunida para festejá-la e disse com voz clara e distinta:

– Eu sinto a necessidade de pedir perdão a todas, porque com os meus pecados impeço o aumento das vocações.

A assistente das aspirantes sussurrou-lhe que não continuasse a falar assim. Ela calou-se imediatamente, fazendo assim, ao mesmo tempo, um ato de obediência.

Ao visitar as casas da América, em 1947, e devendo certo dia apresentar-se ao palácio episcopal, disse-lhe uma Irmã:

– Primeira Mestra, a senhora não teria um véu melhor? Parece-me que este não fica bem para uma visita tão importante.

– Tem razão – respondeu –, eu também achava que devia trocá-lo, mas aguardava que alguém me dissesse, porque se o fizesse por mim mesma, parecia-me estar sendo vaidosa. Eu tenho outro na mala. Faça-me o favor de passá-lo a ferro, sim?

Quando lho entreguei passado, agradeceu-me vivamente reconhecida. Seu gesto edificou-me. Fiquei extremamente admirada com sua grande humildade, pois ela era para nós a superiora-geral, a *cofundadora*.

Ao regressar de uma viagem ao México, escrevia às Irmãs: "Do avião eu as olhei até que me foi possível... Agradeço as atenções que tiveram para comigo, agradeço-lhes a gentileza e a caridade. Nosso Senhor as recompense! Peço-lhes perdão a vocês e também ao bom Deus, por não ter realizado tudo o que talvez esperavam de mim. A Santíssima Virgem de Guadalupe, sob cuja proteção se encontram, supra a minha deficiência. Rezemos mutuamente. Temos tanta necessidade da Divina Misericórdia!".

À mestra de noviças, escrevia: "Desejo que me advirta das faltas que percebe ou ouve de mim, e me corrija naquilo que faço de menos bom do que poderia fazer. Lembre-se de que a escolhi como minha admonitora. Agradeço-a desde já pela caridade que tem para comigo".

Determinara o Fundador que as aulas de religião fossem dadas aos domingos por um sacerdote. Mas, depois de algum tempo, mandou que se organizassem as classes e as Irmãs mesmas dessem aulas. Quando a Primeira Mestra comunicou a ordem recebida, uma das presentes disse: "Como sinto! Ele ensinava tão bem!". E a Primeira Mestra: "Eu também sinto". Mas não acrescentou nenhuma outra palavra.

Na manhã seguinte, pediu perdão pelo mau exemplo, pois que dera mostras de que não havia aceitado a ordem com prontidão imediata. E que mal havia em exprimir um desgosto e obedecer igualmente? Nada de mal! Mas a Primeira Mestra buscava a *perfeição* na obediência.

Inspirando-se nos princípios evangélicos, cultivava a verdadeira humildade, que leva ao perdão das ofensas.

A algumas Irmãs que procuravam justificar-se por qualquer admoestação, enviou um bilhete em cujo envelope estava escrito: *Para ler-se durante a visita ao Santíssimo Sacramento*. O conteúdo era o seguinte: "Jesus disse: 'A quem te bate na face direita, oferece-lhe também a esquerda; a quem te pede para dar com ele mil passos, dá outros mil; a quem te pede a túnica, dá-lhe também o manto'" (Mt 5,39-43).

Nas discussões e queixas, em que às vezes parecia que se cometesse alguma injustiça contra as Filhas de São Paulo, a Primeira Mestra punha fim à questão com esses termos:

– Deixemos. Também Nosso Senhor foi vítima de muitas injúrias... Que querem vocês? Não perdemos nada, nada, ficando quietas e comportando-nos retamente. Deixemos isso nas mãos de Nosso Senhor. – E concluía num tom muito maternal, mas decidido: – Se não aproveitarmos essas ocasiões, quando praticaremos o Evangelho?

– Tive muitas vezes ocasião de confiar-lhe dificuldades que me oprimiam – refere uma Irmã. – Certo dia, obtive dela esta resposta:

– É preciso saber perdoar. O Evangelho, não basta que nós o difundamos; é preciso que antes nós mesmas o pratiquemos! Nosso Senhor é bom. Ele é que nos oferece tais oportunidades, a fim de que possamos imitá-lo e praticar o ensinamento que nos deu: *Perdoai*. Vê, é preciso que aprendamos a aceitar que nos atribuam a culpa. Pobre culpa! Não tem morada! Ninguém quer recebê-la! Gostaria muito mais de uma torta e não de uma *culpa*, não é mesmo? – e acrescentou: – Sim, eu lhe dou a torta* também! – e sorrindo tirou da gaveta uma barra de chocolate e me deu. E acrescentou gracejando: – Não é propriamente uma torta, mas você o aceita igualmente, não é? Tome-o, coma-o logo e fique em paz!

– Primeira Mestra – disse-lhe certa vez Mestra Assunta Bassi, que por razões de ofício mantinha frequentes relações com ela –, sabe que a senhora é às vezes enérgica demais?

– Eu o sei – afirmou com humildade –, outras também pensam como você. Mas eu não me dou conta disso. Talvez eu tenha herdado da minha família um caráter assim... Entretanto, é preciso que me corrija! – sussurrou baixinho.

A Primeira Mestra não gostava de que lhe beijassem a mão. A Irmã que dirigia o carro e a levava em visita às diversas casas da Itália percebeu que algumas Irmãs ficavam magoadas quando a Primeira Mestra – certamente por modéstia ou por julgar-se indigna – retirava decididamente a mão.

– Primeira Mestra – disse uma vez a Irmã, tímida mas resolutamente –, deixe que as Irmãs lhe beijem a mão. Não observou que algumas ficam sentidas?

---

* Em italiano "torto", donde resulta o gracejo: não o "torto" (culpa), mas a torta.

– Oh! Não havia mesmo percebido! – respondeu surpreendida. E acrescentou: – Fez bem em avisar-me. Como é que nós, superioras, nos corrigiremos dos defeitos, se ninguém nos avisar? – e disse um *Deo gratias!*, com profunda gratidão.

"Ao ingressar entre as Filhas de São Paulo – escreve uma Irmã –, uma coisa me chamou atenção. É que, antes de entrar na Congregação, eu mantinha relações com outras Irmãs e notei, entre outras coisas, que a superiora ocupava um lugar de destaque na capela. Ver a Primeira Mestra a ocupar humildemente um lugar qualquer na capela foi coisa que me causou ótima impressão.

Ela mesma jamais se considerou superior às outras. Dizia:

– Devemos chegar às sutilezas da caridade: responder com delicadeza, usar de bondade e fineza no trato. Às vezes, ao passar perto de uma Irmã, esbarra-se nela sem ao menos dizer 'desculpe'. Percebo que algumas, ao esbarrar em mim, me dizem: 'Oh! Eu não a tinha reconhecido!'. Sabendo tratar-se da Primeira Mestra, teriam sido mais cuidadosas... E por que não fazer o mesmo com uma Irmã?

Queria dizer: 'Que diferença há entre mim e as outras?'."

"Invariavelmente, quando ela voltava das Ilhas Filipinas para Roma – escreve uma Irmã desse país –, deixava-me um bilhetinho pedindo desculpas por não ter feito o suficiente por mim e por ter-me dado maus exemplos. Na realidade, porém, ela fazia demais e deixava-me sempre edificada."

"Agora que vejo sua vida na sua verdadeira realidade – escreve o Côn. Merlo –, estou persuadido de que minha irmã praticou plenamente a regra áurea da humildade: *Ama ser desconhecido e ser reputado como um nada.* Por isso operou grandes coisas."

Entre a humildade, a obediência e a adesão à vontade de Deus, há uma íntima e profunda interdependência. A obediência, a renúncia total à própria vontade, é uma realização particular da virtude da humildade.

A humildade, que é um contínuo morrer a nós mesmos *para que Cristo viva em nós*, tem uma relação estreitíssima com o abandono total à vontade de Deus.

A vida da Primeira Mestra demonstrou claramente a verdade desses princípios. E suas palavras constituem uma prova persuasiva:

"Quando obedecemos temos a certeza de estar cumprindo a vontade de Deus. Na obediência há paz e serenidade. A obediência, todavia, supõe a humildade, a aceitação de qualquer ofício que nos deem. João XXIII tinha por lema: *Obediência e paz*; e obedeceu sempre. Por isso é que viveu sempre sereno e se santificou. Gozava da paz.

Quem obedece goza sempre de paz.

A Santíssima Trindade nos dá exemplo de obediência: o Pai manda o Filho à terra e este obedece: *Seja feita não a minha, mas a tua vontade!* (Lc 22,42). Assim o fez o Espírito Santo. Assim o fez Nossa Senhora, que sempre disse *sim*. O mesmo exemplo no-lo dá o nosso pai São Paulo: *Senhor, que queres que eu faça?* (At 9,7).

Diante de tudo o que se dispuser a nosso respeito, dobremos a cabeça e teremos paz.

Que maravilhoso podermos dizer no leito de morte: *Fiz sempre, ó Senhor, aquilo que tu quiseste.* Isto é o que importa. Se fizermos a vontade de Deus, gozaremos de paz e conquistaremos o céu, como fez o Papa João XXIII. Vale a pena viver, enfrentando os maiores sacrifícios na obediência e gozar da paz e tranquilidade na hora da morte. Que melhor augúrio nos poderíamos fazer reciprocamente?!"

Escrevia à Mestra Nazarena Morando, atual vigária-geral e, então, mestra de noviças: "Desde algum tempo, o meu propósito é o *abandono em Deus e em Maria Santíssima*. Disse-me o Primeiro Mestre: *Reduza tudo ao amor*. Eu não sei como realizar isso, senão *cumprindo a vontade de Deus*. Que lhe parece?".

Nestas simples e comovedoras expressões, há, em síntese, o patrimônio espiritual da Primeira Mestra.

O capelão da clínica que todas as tardes visitava as doentes mais graves disse:

> Durante os oito meses de doença, a Primeira Mestra teve constantemente esta disposição: a vontade de Deus. Aceitou em tudo a vontade de Deus. Nos momentos em que se achava fisicamente mais disposta, tinha uma preocupação que várias vezes me manifestou:
>
> – Eu não faço penitência. Agora não sofro fisicamente e não posso trabalhar. Diga-me que penitência, que mortificação devo fazer?
>
> – Aceite a penitência que Nosso Senhor lhe deu: a de não poder mais atender às ocupações do seu cargo, a de renunciar à atividade, a de dever ficar aparentemente inativa. Isto é penitência. Uniformar-se à vontade de Deus é a melhor penitência que pode fazer.
>
> Ateve-se a esta norma do início até o fim: a vontade de Deus. Custou-lhe sacrifício, um sacrifício que cumpriu generosamente e que sentiu e ofereceu juntamente com o da impossibilidade de falar.

Deu-se conta de que a memória lhe falhava, tornando-se sempre mais difícil falar; não lembrava as palavras. Não conseguia completar o pensamento. Ao constatar esse fato doloroso, inteligente como era, disse-me:

– Pode acontecer que Nosso Senhor me peça o sacrifício de não poder mais me exprimir, de renunciar à palavra.

– E se Deus lho exigisse realmente?

– Eu lho ofereceria... Antes, aceito-o desde já. Custa-me, mas o faço de boa vontade.

Fidelíssima a essa completa disponibilidade ao querer de Deus, foi aperfeiçoando-se dia após dia.

De fato, já nos últimos meses, a um cumprimento que lhe fizessem, respondia com um simples sorriso ou com um *Deo gratias!* Começava uma frase, pronunciava duas ou três palavras, mas não conseguia continuar. Recomeçava, mas via-se obrigada a parar. Como concluía essa situação tão dolorosa? Com um bonito sorriso! Às vezes, esse sorriso traía a expressão de sua perfeita conformidade: *Paciência!*, dizia ela. Ou então: *Deo gratias!*, pronunciado com sincera gratidão.

Dizer *Deo gratias* e sorrir naquela impotência a que se via reduzida pela doença, naquela impossibilidade de se exprimir, não é um fato ordinário.

Após uma vida de intensa atividade, totalmente consagrada a Deus e às almas, após uma vida rica de experiências de toda sorte, a Primeira Mestra teria muitas coisas a dizer a todas, para cada uma das Irmãs.

Renunciou a tudo. Aceitou a vontade de Deus. Toda, só e exclusivamente a vontade de Deus. Logo após o primeiro sintoma da doença, pensou em demitir-se. Pediu conselhos com estas palavras:

– Eu não sou mais capaz de governar o Instituto. É preciso que eu me demita e se eleja outra superiora.

– Apresente seu desejo aos superiores. Diga o que pensa e depois faça o que lhe disserem.

Expôs seu parecer. Foi-lhe respondido que permanecesse no cargo. Ela aceitou e não tocou mais no assunto. Humanamente falando, ela teria muitos e válidos motivos para insistir no seu pedido. A Primeira Mestra, todavia, não gostava de perder-se em arrazoados, não julgava as ordens recebidas, quer se referissem a ela, quer à Congregação.

Manifestou sua intenção; ateve-se ao que lhe foi dito. Conservou-se no cargo de superiora até o fim.

Essa era a vontade de Deus. Era o quanto lhe bastava.

– Se Nosso Senhor quiser a minha vida – disse desde o primeiro momento da doença – eu lha ofereço. Não quero reservar nada para mim. Estou pronta. Deus pode chamar-me quando quiser, contanto que se cumpra a sua vontade (D.D.).

7

Fé, fortaleza, doçura

Uma mulher deve sempre falar com doçura.
Assim foi a Primeira Mestra.
Mas juntamente com a doçura, a paz e a calma,
que força extraordinária!
Possuía aquela força suave que domina a si
e aos outros, que domina forte, mas docemente.
Possuía aquela força
contra a qual não há quem resista.

(Cardeal Larraona)

Sobre os fundamentos de sua docilidade incondicionada, de sua humildade profunda e de seu abandono total à vontade de Deus, forjava-se nela a *mulher forte*, a mulher "vestida de fortaleza e decoro, que abre sua boca para proferir palavras de sabedoria, e a lei da bondade está no seu coração" (Pr 31,25-27).

Na mulher forte, de que fala a Sagrada Escritura, estrutura-se a fisionomia espiritual da Primeira Mestra. Com efeito, sua vida cotidiana foi entretecida de fortaleza, de empreendimentos, de repetidos atos de coragem em enfrentar e conduzir a termo as obras de Deus.

O sentimento de sua nulidade foi para ela *luz resplandecente*. Luz que lhe permitiu descobrir e considerar com visão clara, de um lado, sua impotência, e de outro, a potência de Cristo. Ele pode tudo. Ele sabe tudo. Ele está em mim: ilumina-me, guia-me, sustenta-me.

Considerando esta realidade inefável, ela sente-se rica e forte. Possui a Cristo, que é o Senhor de tudo; sabe que nele ela possui tudo; sabe que com ele pode enfrentar qualquer situação.

Daqui é que surge toda a sua humildade e grandeza; daqui é que brota sua coragem, sua fortaleza, sua fé.

– Aquele que tem fé é poderoso – disse Pe. Alberione –, é poderoso nas obras, é poderoso nas palavras, é poderoso nas virtudes, é poderoso junto de Deus, é poderoso entre os homens.

A fé da Primeira Mestra foi das mais fortes. Não há, pois, que admirar se ela soube, na vida, sair-se tão habilmente, se conseguiu, não obstante sua costumeira simplicidade no agir, tanta eficácia em suas obras. Nem há por que se admirar com sua extraordinária atividade, em face de uma saúde tão delicada.

De criatura fisicamente fraca, transformou-se em heroína de fortaleza. De caráter enérgico, passou à heroicidade de paciência e doçura. Da natural reserva e modéstia, passou ao heroísmo de caridade em todos os setores de atividade. O movente que operava nela era a força da graça e da fé, daquela fé que dá coragem, fortaleza e paciência.

Lutando continuamente com dificuldades de toda sorte, soube vencê-las vigorosamente, com invejável equilíbrio e particularmente com fé, uma fé que se robusteceu gradativamente nas provas e preocupações.

Padre Alberione pediu-lhe uma colaboração árdua e extenuante, dessas que exigem força de ânimo, resistência moral e física e, às vezes, até heroísmo. A Primeira Mestra deu provas de possuir tais recursos maravilhosos. Mais de uma vez soube ser heroica, em força daquela estupenda realidade que São Paulo expressa nestes termos: "Tudo posso naquele que me conforta" (Fl 4,13). Tal expressão ela tornou-a própria, sob uma forma análoga e muito cara ao seu coração: "Eu só nada posso, com Deus posso tudo".

Teve coragem e soube infundi-la no momento oportuno. Ao Primeiro Mestre, deu o apoio da oração, da palavra, do silêncio, da paciência e da obediência. Foi o seu *braço direito*, o apoio moral indispensável para o homem escolhido por Deus numa época determinada, para cumprir uma missão especial. Humilde, dócil, silenciosa, forte, generosa e moderna, contribuiu eficazmente na construção da maravilhosa variedade de obras do Pe. Alberione.

Disse um sacerdote da Pia Sociedade de São Paulo, falando às Pias Discípulas do Divino Mestre, no dia dos funerais da Primeira Mestra:

— Agradeçamos a Nosso Senhor pela graça preciosa de nos haver dado a Primeira Mestra, agradeçamos por todas as graças que concedeu a ela, por todas as consolações que, através dela, foram dadas ao Primeiro Mestre, que neste momento sofre mais que todos nós. Julgo que a morte da Primeira Mestra tenha sido para ele um dos maiores sofrimentos. Ele terá aceitado e adorado a vontade de Deus, mas isso não impede que seja imensa a sua dor.

O Primeiro Mestre, mais que todos, ou melhor ele só, sabe quanto tenha sido grande a influência da Primeira Mestra na sua obra. Ele foi o Fundador, bem entendido. Mas a presença da Primeira Mestra a seu lado não foi de importância secundária; pelo contrário, foi indispensável. E o Primeiro Mestre não menosprezou a sua colaboração; pelo contrário, sempre a evidenciou.

— Nem todos conhecem — diz ele — quanto a Primeira Mestra cooperou direta e indiretamente não só com muita oração, mas de várias formas para as outras instituições da Família Paulina: a Pia Sociedade de São Paulo, as Pias Discípulas, as Irmãs

Pastorinhas, as Irmãs Apostolinas, os padres do Instituto Jesus Sacerdote, os Gabrielinos, as Anunciatinas e os Cooperadores. Grande coração, modelado no coração de Jesus, sintonizava com as dificuldades, alegrava-se com os progressos, interessava-se por todos. Na última doença lembrava-se de todos e rezava.

– Acima de tudo o que foi dito da Primeira Mestra e de quanto se poderia dizer – afirmou um sacerdote –, apraz-me aplicar-lhe as belas palavras daquele capítulo da Sagrada Escritura, em que se descreve a mulher ideal: "Muitas filhas ajuntaram riquezas, mas tu excedeste a todas. Levantaram-se seus filhos e aclamaram-na ditosíssima" (Pr 31,8-29). Não somente as suas filhas, mas, com elas, toda a Família Paulina.

O extraordinário florescimento de obras, nascidas da mente excepcional do Pe. Alberione, encontrou atuação e contínuo desenvolvimento graças ao interesse e à animadora colaboração da Primeira Mestra.

A expansão do Instituto das Filhas de São Paulo – de que foi *cofundadora* – explica-se por sua fé e coragem, renovada cada manhã com novo fervor.

Inumeráveis são as circunstâncias em que as Filhas de São Paulo puderam ver na Primeira Mestra a *mulher decidida*, a *mulher forte*, capaz de enfrentar qualquer sacrifício, quando se tratava do progresso do Instituto e da glória de Deus.

Afirma um sacerdote:

– A Primeira Mestra! Mulher de grande fé, que contra toda esperança e cálculo humano construiu o que as Irmãs hoje herdaram. Mãe de uma multidão de Filhas espalhadas em todos os continentes. Multidão que aumentará com o passar dos anos e dos séculos e que testemunhará até o fim a grandeza e a fecundidade de um apostolado que não conhece ocaso.

Muitas vezes, nossa razão não apreende o sentido de certas provações, iniciativas, dificuldades, incompreensões, e até perseguições, como também certas atitudes proféticas de nossos fundadores. É então preciso fé, mas daquela fé que faz tudo aceitar e a tudo suportar em vista de uma realidade que ainda é obscura, mas certamente se realizará.

Pensam talvez que a Primeira Mestra tenha sempre visto claramente diante de si? Que tenha sempre compreendido aquilo que Deus lhe inspirava, ou o que, por outros caminhos, lhe impunha? Certamente que não! A própria inspiração profética, apesar da iluminação que traz consigo, não apresenta razões e menos ainda mostra os resultados antecipadamente. É a fé que vale, a fé que sustenta e impele para a frente, mesmo quando – humanamente falando – tudo é obscuro, incoerente e até absurdo.

A Congregação é inabalável. É um edifício que jamais ruirá, porque fundado na fé, na humildade, na doação e no sofrimento contínuo da Primeira Mestra.

– Muitas vezes – diz o Primeiro Mestre – aquilo que se apresentava era obscuro, arriscado e pouco apreciado. Mas sua virtude superava as dificuldades.

A Primeira Mestra mesma, falando com uma Irmã, disse:

– Também eu, muitas vezes, não compreendo certas coisas que o Primeiro Mestre diz; ou então eu as julgo de maneira diferente. Teria vontade de dizer-lho. Mas penso: "Se o Primeiro Mestre o diz, é sinal que isso está bem, que deve ser assim... E depois percebo que é assim mesmo. E considero: ainda bem que fizemos como ele disse! É bem verdade que era melhor".

De fato, a fé ardente que se traduz na vida, que leva a inclinar a cabeça e a agir mesmo diante de circunstâncias aparentemente absurdas, como também a fortaleza e a coragem não se improvisam. É preciso adquiri-las com o esforço de toda a vida; são frutos de constantes lutas; são frutos de constante exercício de virtude; são o resultado de repetidas experiências.

A Primeira Mestra amou essa ginástica contínua do espírito, desde o início da fundação.

Afirma uma das Irmãs que partilhou com ela dos sacrifícios dos inícios:

– A fé da Primeira Mestra e a sua obediência sem cálculos fortaleciam também a nossa fé e incitavam-nos à adesão plena e generosa às suas diretivas. Seguindo o que a Primeira Mestra dizia, sentíamo-nos seguras, certas de não errar.

E outra Irmã:

– Quando o Primeiro Mestre nos mandava alguma coisa, nunca dizíamos que "não", porque a Primeira Mestra jamais lhe disse "não".

Confirma uma terceira:

– Tínhamos respeito e veneração pela Primeira Mestra. Era tal o exemplo de virtude que nos dava e a confiança que inspirava, que nos teríamos confessado com ela.

Um sacerdote que a conheceu bem disse:

– Setenta anos de vida! Quanto devemos agradecer a Deus por este dom, tanto maior e mais prodigioso, se levarmos em conta a sua saúde delicada em relação ao imenso trabalho realizado por ela; o esforço para sustentar uma família tão grande como a das Filhas de São Paulo; a dedicação exigida nos inícios, que foram tão difíceis, e durante o período de desenvolvimento, contínuo e intenso. Cumpriu a vontade de Deus dia após dia, crendo sempre.

A Primeira Mestra teve fé. Sabemos que atravessou momentos dificílimos. Correspondeu à ação da Providência no silêncio e na oração, ao lado do Primeiro Mestre, com fé inabalável, com prudência admirável e, ao mesmo tempo, com tanta simplicidade, dessa simplicidade que de nada se admira, que não se surpreende de nada, que não possui intenções dobres, que é o reflexo da simplicidade infinita de Deus. Não é possível imaginar a Primeira Mestra numa pose estudada: foi sempre tão simples, até o leito de morte. Com essa simplicidade e fé, superou tudo e governou bem as Filhas de São Paulo.

– O seu modo de falar e de comportar-se – disse o Primeiro Mestre – em cada circunstância da vida e durante a doença era: *como queira Nosso Senhor*, ou expressões semelhantes. Nosso Senhor guiava-a. Como religiosa e como mãe do Instituto, tinha idêntica disposição. E as provas foram muitas!

Em cada prova demonstrou fé, fortaleza e coragem. A sua fortaleza não era desligada da doçura, e a sua doçura jamais foi fraqueza.

S. Exa. Dom Longhin, bispo de Treviso, depois de várias visitas à Primeira Mestra, disse à superiora da casa de Treviso:

– Nunca vi uma mulher que represente, melhor do que a Primeira Mestra, a mulher forte da Sagrada Escritura, a verdadeira mulher, *forte e suave*.

No seu equilíbrio espiritual e retidão moral, sabia temperar a firmeza com a bondade e o amor: era um amor que jorrava, como de uma fonte, da vida interior e da união com Deus, a quem não se devia desgostar absolutamente, em nenhuma hipótese e por motivo algum.

Nos casos que exigiam *mão forte e decidida*, não hesitava assumir atitude enérgica.

Diante de uma evidente falta de virtude por parte de alguma Irmã, tomava um aspecto diferente: "Assim não está bem!", dizia, mas num tom de voz tal, que soava aos ouvidos quase metálico, brusco.

Era o apelo das mães autênticas, que não desejam senão o bem dos próprios filhos. Essa energia brotava da extraordinária vitalidade interior da superiora-geral, que procurava o *agrado de Deus* e aborrecia tudo o que lhe desagradasse. Cientes disso, as Irmãs não se magoavam, ou, pelo menos, logo entravam em si mesmas e reconheciam, inevitavelmente, a retidão e a bondade da Primeira Mestra.

Sob a firmeza de sua mão e na sua palavra decidida, viam o interesse que dedicava a cada uma e o profundo afeto que tinha por todas. E elas, reconhecidas, retribuíam-lhe o afeto.

As próprias Irmãs dão testemunho disso:

– Aproximou-se de mim para repreender-me seriamente e adiou a minha profissão. Senti muito, mas minha estima e afeto por ela não diminuíram. Pelo contrário, foram crescendo, porque, à medida que também eu crescia, compreendi que a Primeira Mestra era coerente, exatamente como me aprazem as pessoas.

– Primeira Mestra – disse-lhe –, esperei-a tanto. E agora devo partir de novo. Venho despedir-me.

– Oh! Não. Venha, venha já, pois devo dizer-lhe uma coisa. O que me disse fez-me sofrer. Mas acrescentou:

– Sabe, digo-lhe isto porque lhe quero bem!

Agradava-me seu modo de agir tão leal e sincero. E lhe sou grata pelo bem que me fez, ainda que algumas vezes me tenha arrancado lágrimas.

Era uma pessoa tão reta e desejosa de nossa perfeição, que não hesitava dirigir-nos palavras duras e sem preâmbulos, mesmo quando isso lhe custava. Mas, devíamos reconhecê-lo, o que dizia era verdade. Suas palavras possuíam o condão de fazer-nos entrar em nós mesmas.

Quando uma Irmã objetava: "Mas... Primeira Mestra...".

– Oh! Quantos mas... quantos problemas se criam! Rezemos um pouquinho mais!...

Eram respostas duras, mas causadas pelo sofrimento que ela, sem querer, deixava transparecer cada vez que as Irmãs demonstrassem não possuir, em determinadas circunstâncias, aquela fé vigorosa que ela possuía e desejava que também elas tivessem.

Não se pode negar que a Primeira Mestra se mostrasse por vezes enérgica demais. Mas isso em nada diminui sua santidade. Pelo contrário, evidencia-a e engrandece-a.

– Dizem-me que sou enérgica demais – admitia humildemente. – Têm razão! – e afirmava-o com tanta humildade e doçura, que desarmava.

Com efeito, trabalhou com constância sobre este ponto aparentemente defeituoso. Era sempre a primeira a procurar a Irmã que não tratara com *fineza*.

– Uma vez – narra sua vigária –, ao tratar com uma Irmã, deixou escapar uma frase um pouco dura que, aliás, se justificava pelas exigências dessa Irmã. Momentos depois, pedia-lhe desculpas, falando-lhe com muita doçura.

Ela, a madre-geral, era a primeira a humilhar-se, a pedir desculpas e a sorrir.

Com esse trabalho tão intenso, tornou-se nos últimos anos terna e suave.

Escreve uma Irmã japonesa:

"Vi a Primeira Mestra três vezes. Na primeira vez e na segunda, tive a impressão de encontrar-me com a madre-geral. Na terceira, encontrei-me com a mãe, tão compreensiva e terna foi para mim."

Sua personalidade era naturalmente forte, por causa da *robustez interior.*

– Sou dura – afirmava quase que sentida. E acrescentava com cálida expressão: – Mas se as Filhas soubessem quanto as amo e quanto desejo que sejam santas!

"Como lia no semblante e no coração de minha mãe o ardente desejo de ver-me boa e generosa – escreve uma Irmã –, assim lia nos olhos da Primeira Mestra e percebia em sua atitude o desejo de ver-me sempre solícita em avançar 'para a frente': *faça todas as coisas somente para agradar a Nosso Senhor e tornar-se santa.*"

Era para todas a mãe, que se comovia com todo gesto de delicadeza, uma saudação cordial, feita pessoalmente ou por escrito, à margem de uma carta.

Numa visita às casas das Ilhas Filipinas, certo dia disse a uma Irmã:

– Hoje de manhã, levantei-me cedo para ler a correspondência. E chorei.

– A senhora chorou?

– Sim... Por quê? Você não chora nunca? Oh! Causam-me tanta alegria as cartas das Irmãs, até mesmo aquelas palavrinhas escritas à margem do papel.

No coração da Primeira Mestra havia lugar para todas as Filhas de São Paulo. Qualquer uma que a procurasse era recebida com aquele sorriso inconfundível e aquela pergunta sua característica: "Oh! Irmã... como vai?"

Nenhuma das Irmãs que viviam a seu lado encontrou motivo para nutrir sentimentos de ciúmes, porque o seu coração de mãe sabia dar a cada uma o que precisava. Se tinha preferências, era pelas que sofriam e por aquelas que estavam mais necessitadas. Estas pareciam ter maior direito a seu tempo. E depois de um encontro com a Primeira Mestra, retomavam novo alento para continuar a trabalhar e sorrir.

Sua intuição psicológica era extraordinária. Bastava-lhe um profundo olhar para ler no espírito.

"Lembro, querida Constância – escreve uma Irmã à sobrinha da Primeira Mestra –, quando lhe perguntei se era muito difícil achegar-se à Primeira Mestra. Você me garantiu que não só não era difícil, mas era muito simples. Era realmente assim. Constatei, com surpresa, que a Primeira Mestra não se admirava de nada, e falava-me como se estivesse a par de tudo. E tratava-se de assuntos totalmente pessoais, que não havia confiado a ninguém, nem antes nem depois."

Dificilmente se conseguia esconder-lhe uma preocupação, uma apreensão ou um sofrimento.

"Dizia-me coisas referentes à minha consciência, coisas que eu nunca dissera nem mesmo ao confessor. Pensava, às vezes comigo mesma: 'Não o disse para ninguém! Como é que a Primeira Mestra o sabe?'."

"No primeiro ano de minha vida religiosa, tive tentações e dificuldades. Escrevi à Primeira Mestra: 'Penso que devo deixar a Congregação: não me sinto apta para a vida religiosa paulina'. Respondeu-me: 'Fique serena e tranquila. A vontade de Deus a seu respeito é esta: que seja uma verdadeira Filha de São Paulo'.

Não tive mais dúvidas nem incertezas. Para mim ela foi realmente mãe no sentido mais verdadeiro e mais completo da palavra."

"No dia da profissão, todas as minhas companheiras receberam visita dos parentes. Os meus moravam muito longe. A Primeira Mestra aproximou-se de mim e disse-me: 'Sou eu a sua mãe. E beijou-me'."

"Nos momentos mais difíceis da minha vida, encontrei nela um verdadeiro coração de mãe. Foi-me de grande auxílio para perseverar na vida religiosa e progredir. Sabia tratar-me com bondade e, ao mesmo tempo, com energia, como fazem as verdadeiras mães."

"Dissera o médico que eu não poderia permanecer na comunidade, pois minha saúde não o permitia. Só Deus conhecia meu sofrimento. Falei com a Primeira Mestra. Com uma atitude delicadamente materna, encorajou-me e prometeu começar uma novena a Nossa Senhora, em minhas intenções, exortando-me a fazê-la também. Entretanto, recomendou-me à enfermeira que me dispensasse todos os cuidados necessários, sem olhar os gastos, contanto que pudesse terminar o noviciado, sarar e ir para a frente."

"A Primeira Mestra acolheu-me, ou melhor, *ela me quis* entre as Filhas de São Paulo, exatamente quando a doença me teria fechado todas as portas. Eu tinha estado doente e continuava a sê-lo. Não obstante, escreveu-me: 'Pode entrar com as Filhas de São Paulo. Eu a recebo de braços abertos, como a mãe acolhe a sua filha. Venha, mesmo que tenha de permanecer de cama a vida inteira. Já falei com o Primeiro Mestre'.

Entrei sem enxoval, levando comigo todas as minhas doenças. Ela não me deixou sentir o peso da situação, mas seguiu-me com amor, demonstrando um único e vivíssimo desejo: que eu alcançasse a santidade. A Primeira Mestra foi para mim uma verdadeira mãe, uma mãe santa. Penso que a conheceremos suficientemente só quando estivermos na casa de Deus."

"Eu estava engessada, imobilizada. A Primeira Mestra foi visitar-me e disse-me que Nosso Senhor tinha permitido que também ela fraturasse um pé, a fim de que, havendo experimentado o sacrifício da imobilidade, pudesse melhor compreender as Irmãs que eventualmente se encontrassem na mesma condição. A Primeira Mestra é uma mãe que ama a todas, indistintamente, sobretudo as mais necessitadas."

Escreveu ela a uma Irmã: "As cartas que me escreveu de casa feriram-me o coração, não pela Congregação que você queria deixar, mas por você. Se soubesse quanto rezei por você. Agora estou contente. Reze. Reflita. Faça as coisas com calma. Se não gosta, diga-o. Ninguém a obriga. Nosso Senhor a abençoe. O meu afeto por você aumentou".

"Em suas visitas à casa de Alba, interessava-se por todas e por tudo: pelas dificuldades, iniciativas, e cada Irmã em particular. Procurava que cada uma se encontrasse bem no próprio ofício e que o trabalho fosse distribuído segundo as aptidões e as inclinações de cada uma."

Afirma a motorista que a levava em visita às casas: "A Primeira Mestra era esperada por todas particularmente como *mãe*. Tinha uma intuição especial. Resolvia todos os problemas pessoais e apostólicos".

"Também nós nos sentíamos seus filhos – escreveu o Revdo. Pe. Martegani, primeiro secretário nacional da União dos Superiores Maiores da Itália –, porque dedicou à FIRAS (Federação Italiana das Religiosas de Assistência Social) em seus inícios, parte de sua inteligência e de seu coração."

– A sua bondade era dessas que não se sabe definir, mas transparece – afirmou o Cardeal Larraona. – Não houve pessoa que a conhecesse e que não falasse dela com entusiasmo, que não lhe sentisse o influxo benéfico, não lhe apreciasse a serenidade imperturbável, a força de ânimo unida a um grande coração, a um sentimento delicado, a uma prudência excepcional. *Foi a mulher mais prudente que eu conheci.*

"Quando nos orientava com seus conselhos ricos de experiência, iluminados com a luz do Espírito Santo, era verdadeiramente *nossa mãe*. Suas palavras penetravam em nosso coração com vigor, com força misteriosa."

Após a morte da Primeira Mestra, disse o fundador às Filhas de São Paulo:

– Haverá outras Primeiras Mestras (pois que esse é o título que no Instituto se dá à superiora-geral), mas somente ela foi, acima de tudo, *mãe* do Instituto.

8
Desprendimento de si, amor a Deus

Visava incessantemente a um intenso amor a Deus,
mediante a prática dos votos que ela definiu
"os três pregos que fixam a alma
no serviço de Deus,
e mediante a observância das Constituições,
em cujos artigos viu a expressão
da vontade de Deus para si
e para cada membro do Instituto.

Para o desempenho da mais atual entre as atividades modernas, que mais satisfaz às exigências da sociedade de hoje e mais apta e oportuna para chegar às pessoas, Deus escolheu a Primeira Mestra entre mil. Concedeu-lhe, com generosidade divina, dons naturais e sobrenaturais, amou-a e seguiu-a com predileção. Ela se lembrava, constantemente, dessa generosidade e amor de Deus para com ela, da especial e visível assistência divina, sobretudo nos momentos difíceis.

Assumira a atitude humilde da pessoa que está ciente de que nada possui e de que recebeu tudo. E manteve sempre essa atitude.

Sentiu o dever imperioso de retribuir. O incomensurável amor de Deus deve ser retribuído com todo o amor e toda a generosidade possíveis ao coração humano.

A Primeira Mestra, sempre afeita à meditação dos dons recebidos, correspondeu, amando sem limites, sem condições e sem intermitências.

Dirigia, antes de tudo a si mesma, a pergunta que costumava sugerir às Filhas de São Paulo: "E se outros tivessem recebido as mesmas graças que Deus concedeu a mim?".

Era essa uma reflexão que a conservava sempre vigilante, jamais abatida. Era uma pergunta que a tornava ligeira, enérgica, orante, operosa e generosíssima.

Retribuiu com um amor que excluía qualquer expressão feita apenas de palavras.

E dizia frequentemente que a santidade "não consiste em êxtases, mas na união perfeita da criatura com o Criador, na adesão completa à vontade de Deus, através da prática diligente e lançava do dever cotidiano".

Seu amor concretizava-se unicamente em fatos. Sua santidade lançava raízes no Evangelho.

A Primeira Mestra procurou, dia após dia, uniformar sua vida às normas e aos ensinamentos de cada página do Evangelho, aos exemplos do divino modelo, num trabalho constante para desarraigar defeitos e adquirir virtudes.

Sugeria às Irmãs aquilo que impunha a si mesma: "Cada uma procure descobrir o que lhe falta. Examine-se para ver qual defeito corrigir e qual virtude conquistar, *para demonstrar ao Divino Mestre seu amor generoso*".

Ela demonstrou ao Divino Mestre esse *amor generoso*, mediante o esforço ininterrupto para tornar-se, dia após dia, mais semelhante a Ele, com pleno respeito e total adesão às Constituições, segundo o Evangelho da pessoa consagrada a Deus na vida religiosa.

Alguns de seus comentários das Constituições manifestam a alta estima que a Primeira Mestra tinha por elas e o quanto as observava.

"As Constituições exprimem para a religiosa a vontade de Deus. As pessoas que querem tender à santidade praticam-nas sempre. A observância das Constituições é uma cruz que devemos carregar."

Para ela a observância foi difícil, foi uma *cruz*, e, portanto, altamente meritória. Foi uma observância constante, sem tréguas, que não admitia, sem motivos suficientemente plausíveis, fáceis exceções.

Advertia: "Não digamos facilmente: *por esta vez...* A regra não é uma malha que se possa alargar ou encolher".

Por ocasião da aprovação definitiva das Constituições, no dia 19 de março de 1953, a Primeira Mestra, exultante de alegria, anunciava à comunidade:

— Com grande alegria comunico-lhes esta notícia, certa de que alegrará também a vocês. Brote de nosso coração um sincero *Deo gratias!* Exultemos porque hoje, com a certeza provinda do reconhecimento oficial da Igreja, podemos dizer: *estamos na vontade de Deus!* O caminho que percorremos é aquele que nos conduz aos cimos da santidade.

É difícil exprimir, com termos exatos, a íntima e profunda alegria que a Primeira Mestra demonstrou naquela circunstância. Ela, que tinha o *culto da vontade de Deus!* Ela, que ansiava pelas alturas.

E num crescendo entusiástico que se lhe denotava na voz comovida e ardente prosseguiu:

— A aprovação definitiva das Constituições é um sinal do amor de Deus e do beneplácito da Igreja. E nos diz que as Constituições são para nós o caminho seguro e espaçoso, no qual podemos caminhar velozmente para a meta: o paraíso.

Paraíso! Era uma das palavras que mais frequentemente aflorava em seus lábios. O acento tônico sobre a penúltima

107

sílaba, escandido e prolongado, dizia o seu vivo desejo de infundir no coração de todas o mesmo anseio.

– E para que a nossa gratidão seja mais viva e verdadeira – insistia –, consolidemo-la com o propósito de querer viver as Constituições, de tornar-nos, cada uma de nós, *Constituições vivas*. Essa atitude confirmará, mais que qualquer outra coisa, nosso amor agradecido a Jesus. Deus nos chama a uma grande santidade; esforcemo-nos por corresponder ao seu chamado, mediante a observância das Constituições.

Expressões comuns e muito simples, poderíamos dizer. Qualquer superiora dirige às suas Irmãs exortações semelhantes. Talvez seja verdade, mas o fato é que a Primeira Mestra tinha um quê de absolutamente pessoal, que não se pode transcrever: a característica vibração do acento de voz; o júbilo de espírito ao comunicar as notícias alegres; a amargura na tonalidade da voz, quando o dever lhe impunha que apontasse os defeitos e corrigisse os abusos. Nesses momentos ela nos falava coração a coração, demonstrando toda a angústia que sentia por causa de nós.

Quer nas meditações, quer nas conferências, quer nos avisos e exortações feitos individualmente ou à comunidade reunida, a força de persuasão era sempre irresistível, porque ela mesma estava *convencida* das coisas que dizia e, mais que todas, as praticava.

Por isso, ao ouvi-la, sentíamo-nos melhores, parecia que respirávamos numa atmosfera mais elevada.

Sua virtude era autêntica, fruto de conquista diária, pautada nos ensinamentos do Evangelho, pelo que se revestia de um admirável poder e transparência.

A virtude da Primeira Mestra era alegre; sua santidade não era *pesada* nem inconstante. Sua diligente observância não se prendia à letra das regras, mas atinha-se ao *espírito*. Prova-o o exato conceito em que tinha a exceção.

Uma Irmã, beneficiada por essa largueza de ideias, afirma: "Por questões de família e de saúde, tive que recorrer a ela para pedir algumas exceções. Não só me compreendia, mas adivinhava-me, e com uma fineza tal, que eu não me sentisse humilhada. Disse-me: 'Em aceitando filhas únicas, precisamos lembrar que, muitas vezes, a família precisa delas'".

Indubitavelmente, o sentido da exceção é índice de inteligência aberta a toda necessidade, de consideração de cada caso particular e de caridade delicadíssima, dessa que faz o bem, que conquista, porque nasce de um grande amor a Deus.

O amor a Deus, manifestou-o a Primeira Mestra na prática dos votos, que para a religiosa constituem a base da santificação: a obediência perfeita, o espírito de pobreza e de desapego, a predileção pela castidade, que faz gozar da intimidade divina.

Disse certa vez:

– "Os votos são os três pregos que fixam a alma no serviço de Deus; obediência é a submissão da nossa vontade a Deus ou a quem o representa. A obediência seja alegre e sem muitos arrazoados: como foi determinado, assim se faz.

A pobreza consiste, também, no ocupar bem o tempo, no dedicar-se ao apostolado e no alegrar-se quando falta alguma coisa.

A castidade: trazemos um lírio dentro de nós. Se for tocado, ainda que de leve, mancha-se. Sejamos, entre nós, muito gentis e afáveis, mas delicadíssimas.

Acima de tudo, amemos muito a Nosso Senhor, que é ciumento da alma religiosa. Sofreu tanto pelos homens! Queremos nós acrescentar-lhe outros sofrimentos? Impregnemos nosso coração de grande amor a Deus!".

A Primeira Mestra tendia incessantemente a um intenso amor a Deus, a uma união íntima com ele. Detestava, pois, o pecado, porque toda culpa constitui uma dissonância no hino de glorificação a Deus, hino que ela se propôs cantar ininterruptamente.

Fugia das imperfeições, empenhando-se na conquista do melhor, daquilo que era mais agradável a Deus. Nas relações com o Mestre Divino, ela chegava até a sutilezas. Comovia-se diante dos exemplos de delicadeza dos santos.

Narra uma das primeiras Irmãs: "Em Susa, lia-se durante as refeições uma pequena biografia de São João Berchmans. Ao ouvir a narração da delicadeza que esse santo usava para com Nosso Senhor, do seu desejo e propósito de tornar-se um grande santo nas pequenas observâncias, a Primeira Mestra chorava. Não eram lágrimas de fraqueza. Eram lágrimas que exprimiam a admiração pelo *santo da vida comum vivida de maneira não comum*, e revelavam o desejo de imitá-lo".

Mestra Inácia Balla, então vigária-geral e depois superiora-geral, atesta:

– Numa manhã de Natal, após ter assistido a três missas na capela da casa-geral, vimo-la entrar no escritório com os olhos cheios de lágrimas.

– Que tem, Primeira Mestra? Está chorando?

– Veja que bobagem! – respondeu. – Chorei só porque refleti na epístola da terceira missa, que fala do... vestido: "Todos mudamos e envelhecemos como um vestido, somente o Senhor permanece eternamente" (Hb 1,11-12). Como isto é lindo! Não é verdade?

Acompanhando, por meio de um rádio portátil, a penosa e serena agonia do Papa João XXIII, chorou igualmente. Éramos duas ou três ao seu redor. Comentou entre lágrimas: "Como amava a Nosso Senhor e as pessoas!". Mas chorava sorrindo, um sorriso de complacência, de santa inveja pelo grande Pontífice!

Supérfluo seria afirmar que a Primeira Mestra observou perfeitamente o voto de castidade, após termos visto qual fosse sua infância e adolescência e os primeiros anos de vida religiosa, bem como cada dia de sua vida. Amava a Deus e valia-se de todos os meios para agradá-lo.

A sua compostura, energia e ligeireza, foram-lhe características inconfundíveis. Jamais foi vista, na Igreja, de cotovelos apoiados no banco ou de pés cruzados; e, no entanto, seu corpo cansado pelo assíduo trabalho e abatido pelo sofrimento dos últimos anos tê-la-ia induzido a tomar uma posição mais cômoda.

Reza-se bem mesmo quando se apoiam os cotovelos sobre o banco, não é verdade? Que mal há nisso? Entretanto, ela nunca permitiu a si mesma tal comodidade. Seu porte era todo compostura e dignidade, um reflexo da nobreza interior, da sua íntima e perfeita harmonia.

Propusera-se fazer de sua alma uma obra de arte. Tinha-o dito, com sua habitual espirituosidade, numa recreação em que as Irmãs, gracejando, falavam de arte e de artistas.

– Pois bem, nós faremos de nossa alma uma obra de arte.

Quem a seguiu sempre, ao longo do caminho, quem teve a felicidade de viver-lhe ao lado, pôde perceber nitidamente a sua maravilhosa ascensão a Deus e um desapego sempre mais completo do que é terreno.

Quando se possui a Deus e se quer agradar somente a ele, é mais difícil apegar-se às coisas terrenas, é mais difícil persistir nos próprios pontos de vista. Ao invés, é mais fácil o *desapego*, porque a intimidade com Deus é inconciliável com qualquer forma de apego.

A Primeira Mestra cultivou o desapego completo. Nos últimos anos ela estava, evidentemente, atenta aos retoques, às leves pinceladas, aos pormenores, para que *sua obra de arte* atingisse a grandiosidade de obra-prima e pudesse *resplandecer* lá em cima, na galeria de Deus, para cantar-lhe um hino perene de glória.

A Primeira Mestra sugeria, a cada Filha de São Paulo, que fosse *artista da própria alma*, e dizia com interesse e solicitude materna:

— Evitem os sinais de afeto demasiado natural. Evitem os beijos... Será que eu não as amo porque não as beijo? — e acrescentava, dando a sua voz normalmente expressiva aquele tom convincente que persuadia: — Nossos beijos, reservemo-los para Jesus crucificado e para Nossa Senhora. Que na hora da morte possamos dizer: "Estes lábios beijaram só e sempre a Jesus".

Numa meditação às Filhas de São Paulo de Grottaferrata, o Primeiro Mestre disse:

— Não vi jamais pessoa alguma beijar o crucifixo com tanta devoção e frequência como a Primeira Mestra.

E o que é, pois, a castidade? Não é senão conservar exclusivamente para Deus todo o ser físico e espiritual. É querer conhecer só o seu amor, para que a união seja mais profunda. E para a Primeira Mestra, a intimidade com Deus era o que havia de mais caro no mundo.

9
Caridade exímia

*Da fé profunda e da incessante união com Deus,
brotava-lhe do coração uma caridade imensa.
A Primeira Mestra "intuía, previa
e providenciava". Reconhecia ter recebido muito
e sentia a obrigação de retribuir tudo.
Em sua ação caritativa, mostrava predileção
pelos doentes, pelos religiosos e pelos pobres.*

A fé e o amor para com Deus levam espontaneamente à caridade para com o próximo. Aliás, fé e amor crescem lado a lado. Quem crê em Deus, ama-o também. Quem crê em Deus e o ama tem caridade para com o próximo, sente as necessidades das pessoas, pensa no mundo que a espera. A fé polariza a pessoa em Deus, levando-a a fazer por ele qualquer ação e a expandir-se na caridade.

Pertencia à porção eleita das pessoas que receberam explícito chamado de Deus, não para doar-se também ao apostolado, mas, sim, para transformar a vida exclusivamente em dedicação ao apostolado, ao amor.

Percebera com toda clareza esse *chamado* e sentia a obrigação de uma *resposta* generosa e total.

Essa resposta a resumia no lema que repetiu e viveu com tanto amor: "Tudo, só e sempre, para a glória de Deus e o bem de todos".

Teve, pois, uma caridade extraordinária. Sentiu a ânsia de dar testemunho dela. Recebeu o estímulo da espera do outro.

– Madre Tecla – disse S. Exa. Dom Stoppa – amou ardentemente a Deus, a Igreja, a Congregação e a cada uma de suas Irmãs.

Com sua personalidade de mulher, de religiosa e de apóstola, sensível e forte, generosa e volitiva, conheceu em toda extensão e em todos os pormenores a caridade – dessa caridade feita de doação aos pobres, até aquela que se exerce no ambiente comunitário, no qual ela quis que reinasse uma atmosfera familiar.

– Sejamos compassivas! Queiramo-nos bem! Ajudemo-nos! Custa-nos? Decerto! Custa-nos realmente sacrifícios! No entanto, como agiu Nosso Senhor para com os algozes que o insultaram e o crucificaram? "Pai, perdoai-lhes!" (Lc 23,34). Eis tudo! Nós devemos agir do mesmo modo! Cubramos tudo com o manto da caridade! Devemos ser como as mães: elas intuem as necessidades de cada filho, perdoam-lhe os defeitos e chegam a ter predileções particulares para com o mais faltoso. Têm cuidados maiores com os que se encontram em particulares dificuldades, seja de caráter, de saúde etc.

Cada uma de nós seja na própria casa, onde vive uma verdadeira mãe, solícita em ajudar a todos. Queiramo-nos bem a todas, sem exceção. Se nos amarmos mutuamente, trilharemos velozes o caminho da santidade. A caridade seja recíproca, para que haja convivência serena e familiar.

Tratemo-nos bem umas às outras, com respeito e cordialidade!

Ajudemo-nos reciprocamente!

Queiramo-nos bem!

Alegremo-nos, exultemos com as Irmãs que estão alegres!

Compadeçamo-nos nos sofrimentos!

Façamos favores às Irmãs, mesmo quando nos custam sacrifícios!

Evitemos palavras inúteis que semeiam discórdias!

Consolidemos a união com o cimento da caridade.

Se cada uma de nós tivesse o perfume das virtudes, especialmente o da caridade, ter-se-ia feito um grande progresso na Congregação.

Tais expressões, vivas e palpitantes, revelam o seu ardente desejo de que as Irmãs amassem a todos e se amassem mutuamente.

Os grandes ideais apostólicos, os vastíssimos horizontes que se abriram ao olhar de cada Filha de São Paulo, em força de seu específico apostolado moderno, não esmoreceram na Primeira Mestra a sensibilidade para as pequeninas necessidades, para as pequeninas compaixões.

Qualquer pessoa necessitada tornava-se objeto de *sua predileção*: desde o velhinho que tocava a campainha no portão, até as meninas que deviam fazer a Primeira Comunhão e às quais faltava o vestido branco... A Primeira Mestra: "Se faltar apenas o vestido... digam-lhes que se preparem bem. Quanto ao mais, pensaremos nós".

E quando vinham devolver-lhe o vestido, dizia:

– Pode ficar com ele; para as crianças pobres do próximo ano, Nosso Senhor providenciará novamente.

E todos os anos repetia-se o mesmo fato. Muitos pais, às voltas com uma família numerosa e impossibilitados de providenciar roupa, sapatos e agasalhos, recorriam a ela como a uma mãe.

Não foi sem motivo que três solteironas, já idosas, escreveram após a morte da Primeira Mestra: "Sentimo-nos sozinhas, órfãs de uma proteção, de um afeto que nos infundia tanto calor, conforto e auxílio!".

Falando acerca dessas três senhoras, descendentes de nobres empobrecidos, a Primeira Mestra dizia: "Como poderão viver se não as ajudarmos?". Sentia-se feliz quando podia enviar-lhes dinheiro ou roupas que ela mesma preparava. Era tal a sua alegria, que preparava os pacotes cantarolando.

Em resumo, ela soube sintonizar com o sentido altíssimo de sua missão especial, beneficiando, abrandando dores, alentando em quaisquer circunstâncias.

Porque possuía no coração o amor de Deus, compreendia as necessidades da humanidade e comunicava tais sentimentos a quem dela se aproximasse ou com ela se entretivesse. E isto porque dominavam nela estes três pensamentos:

Primeiro: preocupação obsessiva pela *santidade pessoal*, a mais alta possível. E esforçou-se para atingi-la, com um empenho sereno, atencioso, diligente, constante e heroicamente generoso.

Segundo: anseio e preocupação para que todas as Filhas de São Paulo *tendessem à perfeição*. Inculcava frequentemente esse ideal altíssimo e mantinha-o vivo, mediante a palavra, o exemplo e os escritos tão simples, mas cálidos e persuasivos.

"Quando tivermos o coração repleto de Deus, *necessariamente* o transbordaremos sobre os outros, porque este amor *deve* expandir-se. Nossas casas devem ser *fábricas* de santas. Avante, prossigamos corajosamente no caminho empreendido! Nossas preocupações únicas aqui na terra devem ser a de santificar-nos a nós e aos outros, a de pensar em nossa alma e fazer apostolado."

Terceiro: grande desejo, imenso como o mundo, de beneficiar os que sofrem, quer física quer moralmente, com todos os meios possíveis. Partilhava viva e sensivelmente da dor humana, fosse física, moral ou espiritual.

Famílias indigentes, crianças subnutridas, sacerdotes pobres ou que se encontravam em particulares necessidades; bispos missionários pobres e igrejas desprovidas de alfaias e paramentos sagrados, a todos ela socorria com a generosidade e a delicadeza do santo que, "revestido dos mesmos sentimentos de Cristo" (Fl 2,5), não pensa senão nos outros.

Para poder alargar o raio de sua ação caritativa, a Primeira Mestra exortava as Irmãs à observância escrupulosa da pobreza: "Se observarmos a pobreza, Nosso Senhor não deixará faltar o necessário nem a nós, nem aos outros!".

Verdadeira caridade não é a que dá apenas o supérfluo, o que seria muito fácil. Verdadeira caridade é a que leva a privar-se de *alguma coisa útil*. É a que leva a dividir, com quem está em necessidade, o pouco que se dispõe.

Profundamente compenetrada do verdadeiro sentido da caridade, a Primeira Mestra hospedou, por muitos meses, durante a guerra, as Irmãs Beneditinas do Monte Cassino, cujo mosteiro havia sido destruído por bombardeios.

– Venham! Daremos um jeito – respondeu amavelmente ao padre beneditino da basílica de São Paulo, que havia tratado com ela sobre o caso.

– E quantas monjas poderá hospedar?

A essa pergunta, a Primeira Mestra demonstrou sua rara sensibilidade e compreensão. Respondeu:

– Já sofreram tanto por terem de abandonar o mosteiro com tudo o que possuíam. São de clausura. Separarem-se seria para elas uma grande dor. Se conseguirem adaptar-se, venham todas juntas; fiquem todas aqui. Durante o dia, poderão instalar-se nesta sala para continuar sua vida normal. Quando quiserem, poderão ir à capela para o coro. Arranjaremos um dormitório para elas. No refeitório ficarão conosco.

Com o exemplo da generosa caridade da Primeira Mestra, as Filhas de São Paulo condividiram com as monjas beneditinas o alimento, a casa e os vários sacrifícios que inevitavelmente traz consigo uma guerra mundial.

> Em fevereiro de 1944 – narra a madre abadessa das beneditinas – Cassino foi destruída. Foram bombardeados, na mesma noite, o Monte Cassino e o nosso mosteiro. Não havia mais esperanças.
>
> A Primeira Mestra leu em nossos olhos o íntimo sofrimento do coração e, com sua habitual jovialidade e compreensão, tranquilizou-nos, dizendo: "Não tenham medo, minhas filhas, a nossa casa não é nossa, mas de Deus, e, portanto, é sua também. Ninguém as mandará embora daqui, nunca! Nem eu as deixarei ir a outros mosteiros não atingidos pela guerra. Nosso Senhor nos protegerá, contanto que tenhamos confiança nele".
>
> Um dia eu lhe disse:
>
> – Primeira Mestra, nós nos envergonhamos de continuar a comer o pão de suas filhas.
>
> Olhou-me um pouco séria, mas logo lhe aflorou um sorriso nos lábios e nos lindos olhos. Respondeu-me:
>
> – Não diga isso! Nós as acolhemos de bom grado! Confiemos em Deus! Coragem, Madre!
>
> Narrei tudo às minhas monjas e nos sentimos encorajadas.
>
> A 18 de agosto de 1944 alugamos uma nova casa, situada num morro defronte à casa das Filhas de São Paulo.
>
> A Primeira Mestra disse-nos, de modo convicto e convincente:
>
> – Sem dúvida, todo início é difícil. Conheço as condições das senhoras e continuarei a ajudá-las. Lembro-me de nossos

primeiros tempos, de nossa miséria e pobreza. Mas a confiança em Deus foi e sempre será o nosso arrimo.

Forneceu-nos de tudo o que precisávamos: pratos, copos, roupas, hábitos, gêneros alimentícios... Frequentemente vinha visitar-nos ou mandava alguma Irmã para saber como estávamos física, moral e materialmente. Repartia conosco tudo o que possuía. Presenteou-nos até um cachorro policial, para que guardasse a nossa casa que era um pouco retirada, e assim ninguém nos pudesse causar incômodos.

A janela do escritório da Primeira Mestra, embora distante, dava de frente para a nossa casa. Ela dizia frequentemente:

– Quando entro no meu escritório, meu pensamento e meu olhar pousam sobre as senhoras; então eu as abençoo e rezo por todas.

Ficamos onze meses em sua casa e dez anos na outra residência, e sempre em comunicação íntima com as Filhas de São Paulo.

Nesses onze meses, pudemos admirar muitas virtudes na Primeira Mestra; acima de todas, a caridade, o espírito de fé e de oração, e uma profunda humildade que se refletia em todas as ações de sua vida. A Primeira Mestra amava. Amava a Deus, e, em Deus, amava todos os homens. Para todos tinha excepcionais palavras de estímulo e de fé, de rara e grande caridade, de verdadeira compaixão; especialmente em tempos em que dificilmente se podiam fazer doações e esmolas.

Por ocasião da morte da Primeira Mestra, a abadessa do mosteiro de Monte Cassino demonstrava sua gratidão, mediante breves palavras de pêsames; poucas palavras, mas expressivas e autênticas: "Choramos a morte dessa santa mulher, rica de caridade para com Deus e para com o próximo. Eu a amava e a venerava de modo especial".

Monjas beneditinas e Filhas de São Paulo acreditavam na santidade da Primeira Mestra e veneravam-na. A seu lado, durante a guerra, sentiam-se seguras. Nas horas de alarme e de bombardeios, quando aviões rumorosos e terrificantes sobrevoavam o *refúgio subterrâneo*, permaneciam tranquilas, confiantes na palavra da Primeira Mestra:

– Sejamos boas e prudentes! – dizia. – Quando terminar a guerra, começaremos a construção do templo votivo à Rainha dos Apóstolos. E se os aviões mirarem este nosso refúgio, Nossa Senhora desviará as bombas para outro lado. – E repetia: – Tenhamos fé!

Poderia parecer um modo infantil de falar, mas, na realidade, traduzia a medida da sua fé, da sua intimidade com Deus, da sua confiança em Nossa Senhora. Apesar do perigo evidente, ela sentia-se como que em casa, em ambiente familiar. E tinha a certeza de que as Filhas de São Paulo, espalhadas em todos os continentes, seriam protegidas por seus *amigos celestes*.

Entretanto, com o terço nas mãos, percorria lentamente o refúgio de uma a outra extremidade, passando entre as Irmãs, que respondiam às invocações que ela mandava rezar em voz alta. Caminhava ereta, imperturbável, recolhida. Conversava com Nossa Senhora para recomendar-lhe todas as Irmãs, certa de ser atendida. Pela sua fé e extraordinária serenidade, infundia confiança em todas. Tanto as monjas beneditinas como as Filhas de São Paulo diziam:

– Vou lá pertinho dela, porque só assim me sinto segura e tranquila!

Diz o Pe. Zilli, da Sociedade São Paulo:

– Conheci a Primeira Mestra durante a guerra, e precisamente durante a ocupação alemã. Eu e um outro companheiro, ambos clérigos, tínhamos o ofício de guarda-noturno. Muitas vezes foi preciso levantar-nos de noite e fugir. Exatamente em tais circunstâncias é que conheci de perto a Primeira Mestra. Jamais a vi aflita, mas sempre tranquila e serena. Seu espírito e atitudes eram de quem sempre vivera numa atmosfera superior. Não sei se a Primeira Mestra tinha muita ou pouca cultura. Mas a impressão que tive foi a de me encontrar diante de uma mulher excepcionalmente simples e sábia.

Acabou por fim a guerra. As Filhas de São Paulo foram todas salvas, algumas de maneira realmente prodigiosa. Iniciou-se logo o *templo votivo*, dedicado à Rainha dos Apóstolos. Para poder concluí-lo o mais depressa possível, a Primeira Mestra encorajava, aconselhava e, como sempre, era exemplo luminoso de virtude, desapego e renúncia:

— Tenhamos cuidado em não desperdiçar coisa alguma, mesmo porque, se economizarmos, poderemos contribuir mais eficazmente nas despesas do santuário. É o templo de Deus, o templo dedicado à Rainha dos Apóstolos, a *nossa Rainha*. Os objetos dedicados ao templo sejam os mais lindos! Escolham-se as alvas mais lindas, as toalhas mais lindas. Sejam lindos os pluviais, as casulas e as estolas! As rendas sejam das mais finas! Economizemos em outra parte, mas para o Tabernáculo tudo deve ser precioso!

Falava com o coração transbordante de amor de Deus. Suas palavras provinham de uma realidade interior.

A caridade para com o próximo só pode ser constante, profunda, sincera e verdadeira, se aprofundar raízes no amor de Deus. Só é verdadeira quando brota da intimidade com Deus.

A caridade corporal perderia seu merecimento máximo se não fora praticada no espírito de Jesus. Levada por estas convicções e por seu *espírito materno*, a Primeira Mestra protegeu numerosos soldados durante a guerra, defendendo-os da fome, do frio e dos perigos.

Havia escassez de víveres, mas as *pequenas reservas* eram repartidas entre os soldados e as monjas beneditinas do Monte Cassino. Nenhum sacrifício se torna insuportável, quando se consegue descobrir, no próximo indigente e sofredor, o próprio Cristo.

A Primeira Mestra mandava encher um saco de pão e outros alimentos que ela mesma preparava como provisão suficiente para dez dias, embora soubesse muito bem que, dentro de uma semana, os jovens soldados estariam de volta com o saco vazio. Dizia apreensiva:

— E se não puderem voltar dentro de oito dias, como poderão viver sem alimento? Deem-lhes, deem-lhes o suficiente, que Nosso Senhor providenciará.

De vez em quando, um soldado voltava para reabastecer o saco, com risco da própria vida e dos companheiros; a Primeira Mestra oferecia-lhe algo de novo e de agradável: licores, doces... às vezes, uns cobertores, outras vezes, cachecóis, meias e camisas. Deu, de uma feita, até um aquecedor; outras vezes, chegava a dar vestidos, para ajudar os soldados a disfarçarem a própria identidade, em eventuais circunstâncias.

Certo dia, uma Irmã permitiu-se fazer-lhe uma observação:

— A senhora tem certeza de que são realmente soldados?

— Isso não tem importância! — respondeu. — Nós fazemos caridade. E Nosso Senhor sempre toma providência.

Palavras que mostram mais uma vez a grandeza do coração da Primeira Mestra, sua delicada sensibilidade, compreensão e condescendência.

Parecia, às vezes, conivente demais, tendendo a uma certa fraqueza; mas na realidade era sabedoria, era paciência, era fé e caridade verdadeiras.

Deus ofereceu-lhe possibilidades para que sua caridade generosa atingisse um vasto raio de ação. Pôde assim satisfazer a uma das mais íntimas e veementes necessidades de seu espírito e de seu coração, profundamente sensível ao sofrimento.

Pe. Alberione propôs-lhe a construção de um *hospital para religiosas*. A Primeira Mestra acolheu alegremente a ideia e quis que se executasse o quanto antes.

Realizava qualquer iniciativa do Primeiro Mestre com uma inteligência ímpar e com uma obediência solícita e amorosa. Essa nova empresa foi-lhe particularmente grata, porque um hospital em Albano Lacial acolheria Irmãs doentes e poderia comunicar-lhes serenidade. Praticando a caridade, doa-se alegria; e tanto a caridade como a alegria são a prova mais genuína do amor de Deus e do próximo.

Iniciada a construção, manteve-a, seguindo-lhe os trabalhos passo a passo. Qual mãe cheia de caridade, superiora-geral e religiosa amante de Deus e dos que sofrem, apressou a inauguração do hospital para que pudesse o mais depressa possível oferecer às Irmãs doentes de todos os institutos um ambiente adequado à sua condição de religiosas.

E fez tudo isso com extrema simplicidade e naturalidade, como quem cumpria um grave dever; ela estava convencida de que quem recebeu deve dar. Que havia demais nisso? Ela sabia que recebera muito! Portanto, era natural que não perdesse nenhuma ocasião de ajudar o próximo.

125

Sua caridade fluía da fé e da vida interior tão profunda quanto simples.

O Hospital Rainha dos Apóstolos foi inaugurado em 1949. Atualmente acolhe mais de duzentas religiosas. É grande, acolhedor, moderno e bem aparelhado.

A Congregação das Filhas de São Paulo, pela obra social que exerce ininterruptamente nessa clínica, mereceu a medalha de ouro do Ministério da Saúde da Itália.

A 23 de setembro de 1964, consagrou-se a nova igreja, erigida no centro dos vários pavilhões.

A Primeira Mestra dizia, com um misto de tristeza e resignação: "Eu não chegarei a ver esta igreja pronta!". Mas acrescentava, sorridente: "Seja feita a vontade de Deus".

Aos 22 de agosto de 1963, a clínica Rainha dos Apóstolos teve a suma honra de receber a visita do S.S. o Papa Paulo VI, que celebrou missa na capela do hospital e distribuiu a comunhão a todas as Irmãs. Às enfermas mais graves, levou pessoal e individualmente sua bênção e sua palavra de conforto.

A seguir, proferiu um belíssimo discurso, em que salientou o valor do sofrimento, evocando as palavras com que Santo Agostinho convida a dar um sentido à própria dor. Disse, entre outras coisas:

– Irmãs caríssimas, refleti na oferta de vós mesmas; procurai tornar úteis os vossos sofrimentos. Pode-se sofrer com rebeldia no coração e pode-se sofrer com paciência. Mas há ainda uma outra maneira de sofrer, que deve ser a vossa: *sofrer com amor e por amor*. Enquanto o coração palpitar, é possível este ato de amor, que encerra toda a nossa espiritualidade: amar! Senhor, eu choro, sofro, permaneço inerte, imóvel, mas eu vos amo e sofro por amor: por vós!

126

Admirável é o elenco de intenções que se pode propor às almas eleitas, pois, como se sabe, uma intenção não exclui outra, nem pode haver entre elas uma gradação exata.

O Papa concluiu o discurso convidando as Irmãs enfermas a oferecerem seus sofrimentos pelas mais nobres intenções pelas quais seriam capazes de consumir as próprias energias e, particularmente, pela Igreja, pelas missões, pelo Concílio e pelo Papa.

A Primeira Mestra, na primeira fileira de bancos, defronte do Papa, permanecia como que em êxtase. As intenções que o Santo Padre sugeria eram-lhe as mais queridas: o Concílio, a Igreja, as missões, o Papa... eram intenções que já lhe ocupavam a mente e o imenso coração; renovou-as e intensificou-as.

Viveu ainda cinco meses após a visita do "doce Cristo na terra" (era esta a sua expressão). Dissera na noite precedente:

– Mas já pensou que amanhã teremos entre nós o doce Cristo na terra?

Parecia-lhe um sonho!

Foram cinco meses de sublimação da dor, de purificação total, mas de uma aproximação sempre crescente do Divino Mestre, até a comunhão perfeita com ele.

A visita de Paulo VI ao Hospital Rainha dos Apóstolos foi como que um prêmio a uma vida consumida por Deus, pela Congregação, pelos doentes, por toda a Igreja de Cristo.

10
Vida de oração

Em sua intensa atividade,
a Primeira Mestra visava sempre a Deus.
Passava o dia num colóquio
ininterrupto com o Divino Mestre.
Vivia habitualmente na atmosfera
luminosa do sobrenatural.
Dizia: "Devemos ter uma piedade profunda,
sentida, robusta, que nos leve à contemplação".

A Primeira Mestra foi de uma grandeza excepcional. Era grande pela humildade e pela obediência, isenta de objeções e desarrazoados. Era grande pela fé e pela perfeita conformidade ao querer de Deus. Mas era particularmente grande por sua oração. Porque a fé, a humildade, a obediência e a caridade provêm da oração e das relações com Deus.

A Primeira Mestra procurou sempre a Deus, viveu por ele, lutou para conquistar-lhe corações e dar-lhe glória.

"Nossa vida só tem valor enquanto se *apoia* em Deus e se consome por ele", disse às irmãs, numa conferência; e dizia-o com sua habitual convicção pessoal, com sua costumeira força de persuasão.

Sua vida *apoiou-se* sempre em Deus. Seus dias, as horas do seu dia, orientavam-se constantemente para o céu.

Falando dela, S. Exa. o Cardeal Larraona disse: "Sua contemplação tornara-se-lhe *vida*". Isto significa que a Primeira Mestra vivia em comunhão constante com Deus. Isto quer dizer que sua vida foi uma contínua oração.

Oração não significa simplesmente rezar terços e jaculatórias. A oração não consiste apenas numa hora de adoração ou de meditação. Oração não é também a simples participação na Eucaristia e a frequência aos sacramentos. Tudo isso é oração, é claro, mas não é só isso.

A oração deveria ser um ato tão natural como a respiração. Oração é o sentido da presença de Deus; é vida imolada inteiramente por Deus. Oração é também o elevar um pensamento de gratidão a Deus: pelo amor que nos tem, pelo sofrimento que nos permite; pelo céu estrelado e pela atmosfera nublada e úmida; pelo mar e pelos montes; pelas pessoas que vivem ao nosso lado e que nem sempre nos compreendem. Oração é aceitação calma e amorosa de tudo, porque tudo provém de Deus, tudo é expressão da providência de Deus.

– Confiemos em Deus – dizia a Primeira Mestra. – Nada acontece sem que Nosso Senhor o queira ou permita. O bem, ele o quer, e o mal, apenas o permite. Mas, quando o permite, é para o nosso bem.

Assim a Primeira Mestra entendeu a oração. Por isso, a sua contemplação tornava-se *vida*.

Viveu sempre unida a Deus e desapegada da terra; não foi, porém, indiferente às coisas terrenas. A pessoa que vive em contato com Deus não pode ser indiferente às coisas que a circundam, porque estas pertencem a Deus. Eis por que a Primeira Mestra amava as criaturas e tudo o que é criado. Sabia elevar-se até Deus e descobria a sua mão providencial em tudo e sempre: na doença e na saúde, nas circunstâncias alegres e nas imposições difíceis da obediência, nas pequenas e nas grandes preocupações.

O próprio cargo que ocupava no governo de uma Congregação nova e em contínua expansão, proporcionava-lhe todos os dias, e com abundância, o pão amargo das cruzes. E ela o aceitava com simplicidade, com naturalidade e calma como sempre. Dizia:

– As ocasiões de sofrimento são contínuas, mas devemos colocá-las na ordem do dia, se quisermos nos santificar, se quisermos *completar a paixão de Cristo em nós* (Cl 1,24). No céu tudo está escrito, também os pequenos sofrimentos que ninguém vê. Os sofrimentos são os sinais da predileção de Deus.

Aceitava a dor com semblante sereno, porque provinha do mesmo Deus que lhe concedia gozar dos maravilhosos encantos da natureza. Compreendera perfeitamente o verdadeiro sentido da oração e por isso seu pensamento se elevava até Deus, em qualquer circunstância.

Narra uma Irmã: "Em setembro de 1963, fiquei em sua companhia no hospital de Albano. Falava pouco; preferia ouvir. Depois, cansada, preferia ficar em silêncio. À tarde, após o jantar, permanecíamos no alpendre. Fitava as estrelas. Mais de uma vez, disse-me: 'Eis que além daquelas estrelas tão bonitas está a casa do Pai que nos espera...! Como deve ser bom encontrar-se com o Pai! Muitas vezes, eu não consigo rezar: olho para o Pai e ele olha para mim. Não consigo nem mesmo ler para fazer meditação. Penso, mas penso muito pouco... Fico assim! Mas sei que o Pai olha para mim e me ama'".

Uma Irmã que a acompanhou mais de uma vez em suas frequentes visitas às casas filiais da Itália e do exterior diz o seguinte: "Atravessávamos as maravilhosas montanhas dos Alpes. A certa altura a Primeira Mestra disse: 'Paremos um pouco!'.

Desceu, abrangendo com o olhar o horizonte, apreciou intimamente a beleza do panorama, sorriu e de máos postas pôs-se a cantar como se estivesse numa igreja: 'Os céus imensos narram a glória do grande Deus'... E continuou: 'És grande, ó Senhor!'. Depois, voltando para o carro, prosseguiu viagem".

A Primeira Mestra agia assim porque o sentido da presença de Deus era-lhe vivo e palpitante n'alma. O sentido verdadeiro e profundo da oração transformava-lhe as dinâmicas jornadas da vida (também as longas viagens de automóvel) em verdadeira contemplação.

– Não duas vidas – afirmava o Cardeal Larraona no seu elogio fúnebre –, mas uma só vida, simplificada, integrada: uma vida na qual tudo é ver a Deus, tudo é servir a Deus, tudo é comunicar Deus. Tal foi a vida da Primeira Mestra, vida realmente contemplativa.

Teve relações com Deus tão profundas e vivas, que despertava uma santa inveja.

Continua a mesma Irmã que teve a felicidade de acompanhá-la muitas vezes nas viagens:

– Frequentemente, chegávamos a uma casa, uma ou uma hora e meia antes do jantar. Ela cumprimentava cordialmente as Irmãs; trocava com elas algumas palavras, depois se aproximava de mim e dizia-me: "Agora estou livre; vou logo rezar".

Com sua característica atitude, pegava os livros de piedade e, ligeira, entrava na capela. Eu a seguia.

Alguma Irmã vinha perguntar-me o que devia preparar-lhe para o jantar. Eu, por minha vez, devia interrogá-la. Entrava na capela poucos minutos depois dela e já a encontrava de joelhos, jamais apoiada no banco, sempre naquela inconfundível posição.

– Primeira Mestra... Primeira Mestra – chamava eu. Ela, porém, não me ouvia; era preciso tocar nela. Estava tão concentrada na oração que nada percebia. Constatei isto umas vinte vezes. Depois de dar-me atenção, concentrava-se novamente, de imediato.

Possuía a Jesus, amava-o e falava com ele acerca de tudo; não lhe custava, portanto, esforço algum retomar a conversação interrompida.

Pe. Lourenço Bertero, da Pia Sociedade de São Paulo, narra:

Em Alba, eu era o clérigo responsável pela capela. Todas as noites cabia-me inspecionar e certificar-me se tudo estava em ordem. Uma noite, pelas 21h30 vi, à luz pálida da lâmpada eucarística, uma jovem (naquele tempo as Filhas de São Paulo não usavam ainda o hábito atual) ajoelhada no chão, entre as duas alas de bancos, perto do altar.

Olhava para o Tabernáculo de braços abertos, em ato de súplica. Observei-a bem. Reconhecia-a: era a Primeira Mestra das Filhas de São Paulo. Ela não fez o mínimo movimento, talvez não tivesse percebido minha presença. Decidi sair e deixá-la em paz com Deus. Fui para meu quarto, rezei a coroazinha de Nossa Senhora, depois me pus a ler, mas muito distraidamente. Pensava na Primeira Mestra que lá estava na capela.

Fiquei duas horas sem poder conciliar o sono. Não sei bem se fui levado por grande desejo ou espicaçado pela curiosidade; o certo é que decidi levantar-me e descer ao pequeno oratório. Desci na ponta dos pés para não perturbar ninguém e não ser descoberto; voltei à capela e abri devagarzinho a porta. A Primeira Mestra ainda estava lá, na mesma posição. Pensei comigo mesmo: *"É uma santa!"*. Não lhe disse nada. Saí de mansinho e tornei a subir as escadas sem fazer barulho.

135

Alguns dias depois, encontrei-me no pátio que separava a casa *São Paulo* da casa *Divina Providência*. Cumprimentei-a. Ela dirigiu-se a mim para dizer-me qualquer coisa que não recordo. Lembro, porém, que lhe perguntei se *aquelas horas transcorridas na Igreja haviam sido agradáveis*. Ela sorriu como sempre. Depois se tornou séria e com um sinal de mão muito característico seu, fez-me compreender que não devia falar sobre aquilo.

Trata-se de um episódio insignificante – comenta Pe. Bertero –, mas muito significativo para mim. A Primeira Mestra era uma pessoa inteiramente de Deus, alma de contínua oração; alma que, durante o dia – não temo afirmá-lo –, jamais interrompia sua íntima união com o Divino Mestre.

– Que poderíamos desejar de melhor, nós, religiosas, senão possuir Jesus? – dizia a Primeira Mestra às Irmãs. – Com ele sentimo-nos mais fortes, mais generosas e melhores. Façamos tudo por ele e pelo céu. Nada daquilo que passa tem valor. Custa tornar-nos santas, mas nem por isso devemos renunciar. Trabalhemos com constância, com fé, do modo mais perfeito possível. Nosso Senhor vê. Ele é como um bom cineasta, que no juízo projetará seu filme. Procurem representar bem seu papel de estrelas, de estrelas luminosas.

Revela-se mais uma vez a madre-geral, com sua personalidade simples, mas rica de motivações; é alegre, arguta, de voz enérgica e delicadamente materna. Uma voz de mãe que é reclamo e exortação. Chamado forte ao desejo e à visão do céu: "Tudo passa, exceto o paraíso". E uma exortação à bondade e ao desejo de santidade: "Tudo é nada, exceto a santidade". Uma voz de mãe, preocupada em infundir no coração de cada filha a mais santa das ambições: *possuir* a Jesus e brilhar no céu como estrelas luminosas.

136

– A piedade deve levar-nos a uniformar todos os nossos pensamentos, afetos, vontade e desejos a Jesus, Divino Mestre. Tenhamos uma piedade profunda, sentida, vívida, que nos leve ao alto, à contemplação. Todas as Filhas de São Paulo são chamadas à contemplação. Uma Irmã que vive bem sua vida interior está sempre alegre, porque, quando a alma se adentra em Jesus, vê tudo em seu justo sentido e trabalha só por ele.

Ela estava imersa em Jesus; por isso infundia, em quem a observasse durante a oração, um vivo desejo de rezar melhor.

Eis alguns testemunhos:

Escreve Madre Roseta La Zara, das Irmãs Doroteias de Santa Paula Frassinetti:

"O céu – dizia-me a Primeira Mestra – consiste na visão de Deus, na posse plena de Deus. Mas também aqui na terra temos o céu. É questão de saber encontrá-lo e, sobretudo, de viver nele: é Jesus Hóstia, é ele que vem todos os dias ao nosso coração. Que queremos mais?

Oh! Como deveríamos viver com maior fé nossa incorporação a Cristo, feito nosso alimento por amor! Quanto nossas ações e palavras deveriam refletir um raio de sua luz!

O cálice, uma vez consagrado, não pode servir para outro uso. E que dizer da nossa língua? E do nosso coração? É necessário que vivamos de fé, que peçamos, insistentemente, domine essa fé em nós e em todas as almas consagradas. Somente assim o nosso apostolado será eficaz e poderemos ser úteis aos que vivem no mundo!"

Eis outras afirmações de Irmãs que se edificaram com sua atitude durante a oração:

– Tinha a impressão de ver uma santa! Quando a Primeira Mestra ia à capela para a adoração a Jesus Mestre, ficava tão recolhida que mais parecia estar em êxtase de amor. Ela nunca era tão grande como quando rezava.

– Só ao vê-la, mesmo de costas, eu sentia o desejo de rezar melhor.

– Da Primeira Mestra aprendi, realmente, o espírito de oração. De olhos fechados ou fixos no Tabernáculo, deixava transparecer seu recolhimento interior. Tinha-se a impressão de que falava com Deus e se uniformava continuamente a sua vontade.

– A Primeira Mestra poderia ser definida como *a pessoa que reza*. Sua atitude na oração ficou-me profundamente impressa.

– Ficava encantada quando a via entrar na igreja, fazer um amplo sinal da cruz, dirigir-se ligeira ao seu lugar, para concentrar-se imediatamente em profunda oração. Rezando perto dela, sentia-me transformada.

– Mais de uma vez fiquei a observar a Primeira Mestra enquanto rezava, de modo especial em Albano, durante os últimos meses de doença. Surpreendia-me por vê-la, apesar da gravidade de sua doença, sempre ou quase sempre na capela, de joelhos, com aquele seu olhar límpido, fixo no Tabernáculo.

– Sempre me edificou seu modo de rezar não apenas na igreja, mas também no refeitório, nas orações breves, antes e depois das refeições, nas leituras espirituais, em qualquer lugar onde a comunidade se recolhesse em oração mais ou menos longa. A Primeira Mestra ficava sempre de mãos postas ou cruzadas, porte ereto, olhos baixos, semiabertos ou voltados para a imagem diante da qual se rezava. Levava-me a rezar bem.

– Era verdadeiramente edificante vê-la em oração. Parecia alheia a todas as coisas da terra. Sua atitude recolhida deixava transparecer profunda piedade e grande espírito de fé. Era comum vê-la de joelhos, ereta, de mãos postas, olhos baixos ou fixos no Tabernáculo.

– Tive a ventura de ficar a seu lado, várias vezes, durante a missa e na hora de adoração. Elevava-me. Não cobria o rosto com as mãos; jamais apoiava os cotovelos no banco, não fazia gesto algum nem tomava posição alguma especial. Era muito simples, na melhor das atitudes. Quando erguia os olhos do livro de leitura espiritual, olhava fixamente para o Tabernáculo ou os mantinha semiabertos, em profundo recolhimento.

– Um dia, cheguei tarde à capela – escreve uma Irmã dos Estados Unidos. – Não havia mais lugar. Disse então à primeira Irmã que encontrei ajoelhada no último banco:

– Por favor, dê-me um lugar aqui.

A Irmã não se moveu.

Esperei um momento e, tocando-a levemente, pedi-lhe de novo:

– Por favor, um lugarzinho!

Nada!

– Não poderia dar-me lugar? – perguntei-lhe pela terceira vez, inclinando-me. Percebi, então, que era a Primeira Mestra; fiquei envergonhada pela maneira como a tratara por três vezes. Estando, porém, absorta em Deus, ela não se apercebera de nada.

– Eu a vi chorar algumas vezes durante a doença. Chorava quando se despedia das Irmãs que partiam ou quando não conseguia mais rezar longamente, como antes. Referia-se a isso com profunda tristeza, com os olhos marejados de lágrimas.

Tinha um quadrinho da *via-sacra*; pegava-o muitas vezes entre as mãos, rezava, contemplava-o, deliciava-se nele... Beijava-o repetidamente, com grande amor.

Afirma seu confessor:

> Sempre fidelíssima às práticas de piedade, confidenciava:
> – Não consigo mais refletir. Não me lembro de nada... Como poderei agora fazer as práticas de piedade?
> – Faça como puder. Não há necessidade de refletir muito. Basta que fique com Nosso Senhor. A senhora não faz assim?
> – Oh, sim! Eu estou sempre com Jesus. Vou para a capela, ponho-me no meu lugar, olho para o Tabernáculo e penso: "Jesus está aí, e com ele está também o Pai e o Espírito Santo. Está toda a SS. Trindade, não é mesmo?
> – Certamente.
> – E com Jesus está toda a Igreja, porque é o seu Corpo Místico, não é?
> – Sim, pois o Corpo Místico é inseparável de Jesus, que lhe é a Cabeça.
> – E com Jesus estão os santos e os bem-aventurados do céu, os confessores, as virgens...
> – Sim, estão todos.
> – Pois bem, eu permaneço com ele, na sua presença; e penso nisso, só nisso.
> – Fique tranquila, basta isso.
> Dizia tais coisas com toda a simplicidade. Ela foi mestra de simplicidade. Não era, contudo, simplicidade ingênua de pessoa imatura, mas simplicidade de pessoa de *perfeição consumada*, de uma pessoa que se aproximou de tal modo de Deus, que reflete a própria simplicidade dele.

A virtude só é complicada quando imperfeita. A virtude perfeita torna-se simples e reúne em si todas as virtudes! (D.D.).

Estava tão profundamente firmada em Deus e tão acima dos pobres e mesquinhos interesses deste mundo, que sua presença comunicava algo de sobrenatural, um quê divino.

Mesmo quem não conseguisse compreender a grandeza de seu espírito, percebia que havia nela algo de superior e de extraordinário. Prova-o a carta de pêsames do engenheiro Pedro Catti:

> Não tive a felicidade de conhecê-la pessoalmente; sempre evitei pedir que me introduzissem à sua presença, porque sabia estar doente. Contudo, tive sempre grande admiração por essa Irmã, quer por sua alta responsabilidade, quer pelas obras de que, embora em mínima parte, fui testemunha. Admirava-me particularmente pela veneração que sua pessoa suscitava em meus operários. Gente mais dada ao trabalho pesado do que à meditação religiosa, deixava conquistar-se pela bondade dela e pela delicadeza do seu espírito. Foi tal a sua influência sobre eles que, nesta manhã durante os funerais, um deles dizia-me sinceramente comovido que "este encontro em sua vida *lhe salvara a alma*".
>
> Asseguro que ouvir tais palavras, durante o enterro de uma religiosa, deixou-me profundamente impressionado. Agradeci a Deus na Igreja, enquanto as Irmãs rezavam ao redor do esquife da sua boa Primeira Mestra. Perdoem-me esta longa carta de pêsames, mas senti o dever de dizer isto. O bem realizado por pessoas que nos são queridas é conforto no momento em que elas nos deixam (Eng. Pedro Catti).

Ao lado dela, ou só mesmo ao passar por ela, todos se sentiam melhores.

"Perdi minha mãe aos nove meses" -- narra um operário. "Quando conheci essa Irmã, foi como se tivesse conhecido e reencontrado a minha mãe. Passei toda a minha vida trabalhando de pedreiro, e nesse ofício, já se sabe, encontra-se o bem e encontra-se o mal. Há pessoas educadas e pessoas deseducadas; há pessoas inteligentes e pessoas não inteligentes. Eu devo confessar que, pessoalmente, não sou bom.

A Primeira Mestra conduziu-me a um caminho que eu jamais percorrera. Para mim, ela é uma santa; somente ela é que me levou a reconhecer o que é religião, o que é cristianismo; levou-me a fazer o que jamais fizera em minha vida. Eu a invoco porque creio mesmo que esta mulher seja uma santa!"

As Filhas de São Paulo, especialmente, ao ouvirem a Primeira Mestra falar sobre a oração, e ao verem-na rezar, sentiam-se melhores, mais generosas no próprio dever, mais prontas à obediência, mais prestativas a qualquer coisa, mais desejosas de viver intensamente a própria vida, como ela.

É a irradiação da verdadeira virtude, da riqueza interior adquirida no contato com Deus. Irradia-se imperceptível e, quiçá, lentamente, mas com uma certeza incontestável.

11
Alma apostólica

*A Primeira Mestra sentiu o problema das almas
como uma realidade forte e veemente,
capaz de desenvolver um apostolado universal:
no tempo, no espaço e nos meios
para a conquista das almas.*

*Dizia: "Para o apostolado devem ser utilizados
os meios mais modernos".*

"Os aeroportos do mundo inteiro viram uma incansável viajante da caridade visitar suas Filhas, espalhadas nas regiões menos acessíveis."

Assim a apresenta a legenda de uma revista feminina italiana. A incansável peregrina que passou por todos os aeroportos é a Primeira Mestra Tecla, que sob esse aspecto bem pode ser comparada à Santa Madre Cabrini, que por dezessete vezes singrou o oceano, merecendo o apelativo de *viajante de Deus*.

Como a Madre Cabrini, a Primeira Mestra percorreu o mundo para estudar juntamente com suas Filhas novas possibilidades de utilizar – para a glória de Deus e a salvação das pessoas – todos os meios modernos que o progresso oferece.

Nenhuma dificuldade, nenhum sacrifício a impediam de empreender novas viagens, ainda que fossem extensíssimas.

E, não obstante o cansaço, mantinha-se admiravelmente serena, espargindo serenidade.

Certa vez, cansada após uma longa viagem, cheia de preocupações, foi-lhe sugerido que repousasse: "Descansaremos no céu!", disse. E dirigindo-se a uma doente que estava a seu lado, acrescentou: "Não é mesmo? Lá, também você não sofrerá mais! Lá gozaremos Deus!".

A Primeira Mestra sentia o anseio dos corações. Estava repleta daquele amplo espírito ecumênico que abarca as necessidades de todos, que não admite diferenças raciais, que não conhece limites de tempo nem espaço.

Iniciou suas viagens pelo exterior da Itália em março de 1936. Visitou os Estados Unidos, a Argentina e o Brasil. Escreveu então:

"Todas as pessoas com as quais falei estão convencidas da necessidade da imprensa, da nossa imprensa, no nosso apostolado. Como já disse outras vezes, as Filhas de São Paulo deveriam ser milhares, e todas capazes como seu pai São Paulo...".

À medida que novas casa se abriam no estrangeiro e aumentava o número das Irmãs, suas viagens tornavam-se mais frequentes.

Interessava-se com grande desvelo pela saúde das Irmãs, pelo bem-estar interior e pelo trabalho de cada uma. Informava-se acerca do êxito da difusão da imprensa, de uma exposição de livros, de um empreendimento qualquer.

Interessava-se pelas iniciativas do apostolado, discorria sobre projetos e programas. Tomava consciência, pessoalmente, de tudo: desde as publicações renomadas até o simples folheto que as Filhas de São Paulo, nas suas viagens apostólicas, costumavam deixar a todas as famílias que por um motivo qualquer não adquiriam um livro.

Compreendia logo as necessidades do lugar e dava sugestões precisas e diretrizes para um maior progresso.

Afirma Irmã Lorencina Guidetti:

– Durante minhas viagens pelo Oriente: Índia, Ilhas Filipinas, Malásia, Bornéu, Ilha Formosa e Japão, constatei quanto fora eficaz a ação da Primeira Mestra, que era tão silenciosa, oculta e desconhecida até para nós, que vivemos a seu lado 25 ou 30 anos, em Roma.

Sabíamos quando a Primeira Mestra partia, conhecíamos também os lugares que percorria e aguardávamos com ansiedade a sua volta. Mas não podíamos constatar tudo o que fazia no estrangeiro. Durante a minha viagem pelas casas do Oriente, vi comovida as cartas que a Primeira Mestra escrevera àquelas superioras. Tinha-as seguido passo a passo, sugerindo o que deviam fazer, quais casas abrir, como agir...

Nos seus escritos, como nas conferências que lhes fazia durante as visitas, demonstrava sempre perfeito conhecimento da psicologia dos diferentes povos: dos indianos, japoneses, filipinos etc.

Sabia adaptar-se aos diversos costumes. Nada a esmorecia. Simples e leal como era, nada a surpreendia. Entretinha-se desembaraçadamente com qualquer pessoa, eclesiástica ou civil. Edificava a todos. Possuía profundo e sereno espírito de observação da natureza, dos homens, das coisas, das situações, do clima e do ambiente. De tudo sabia tirar proveito para si e para os outros.

Interessante é um diminuto diário – por ela ditado – de uma viagem realizada de 14 de setembro de 1959 a 13 de fevereiro de 1960:

> Parti de Roma (Fiumicino) de avião, rumo a Nova Iorque, no dia 14 de setembro. A viagem foi ótima. Contudo, ao invés de

chegar às 7 da manhã, chegamos às 11h, porque desviamos até Garden, no Canadá. No aeroporto encontrei muitas Irmãs que havia horas me esperavam.

Permaneci dois dias em Nova Iorque, seguindo depois para Boston, onde temos a Casa Provincial. Boston é a mais antiga e a mais culta cidade dos Estados Unidos. Possui uma célebre universidade.

Dali visitei outras casas dos Estados Unidos: Fitchburg, Yougstom e Búfalo. Encontrando-me nas fronteiras do Canadá, aproveitei visitar também as Irmãs de Toronto e Montreal. Toronto é uma grande cidade comercial e industrial. Montreal é a maior cidade canadense.

A seguir, voltei a Nova Iorque para atingir Flórida e Miami, onde o bispo nos tinha chamado, porque desejava as nossas Irmãs em sua diocese. Miami é uma magnífica cidade à beira-mar e, por isso, lugar de veraneio dos grandes ricaços de Nova Iorque.

Passei pelo Estado de Luisiânia para visitar a casa de Alexandria e depois por Santo Antônio do Texas. Prossegui para a Califórnia, a fim de ver as Filhas da Casa de San Diego, cidadezinha à beira-mar, com clima ameno e ar saudável.

Aproveitei da relativa vizinhança para visitar as casas do México: Guadalajara, junto do Rio Grande de Santiago; a Cidade do México, a 2.300 metros de altitude; e Monterrey.

Visitei a Igreja de Nossa Senhora de Guadalupe, onde rezei por todas.

Do México fui à Venezuela e dali para a Colômbia. Após ter visitado a casa de Barranquilla, fui para Bogotá, capital da Colômbia, a 2.600 metros de altitude. Bogotá é um planalto muito fértil e saudável porque tem sempre uma temperatura primaveril.

Visitei a casa de Manizales e voltei para Bogotá para embarcar e prossegui até o Chile. Obrigados a fazer escala no Peru, pernoitamos em Lima.

Na manhã seguinte, sobrevoando a costa do Pacífico, prosseguimos até o Chile, chegando após 8 horas de voo à capital, Santiago. O clima ali é muito suave e a planície muito fértil. Depois, de carro, segui para Valparaíso, encantadora cidade marítima, circundada de montanhas.

Após alguns dias, sobrevoando à altura de 10.000 metros a Cordilheira dos Andes, chamada "as montanhas dos terremotos e dos vulcões", dirigimo-nos a Buenos Aires, na Argentina. Do avião viam-se os picos cobertos de neve. Munidos de máquinas fotográficas e de câmaras cinematográficas, os passageiros davam-se a um grande afã.

Após 4 horas de voo, aterrissamos no aeroporto de Buenos Aires, onde toda a comunidade me esperava. Buenos Aires é a maior cidade da América do Sul. Possui um importante porto. Ali há muitos italianos que mantêm organizações próprias: escolas, bancos e instituições várias. Passei ali as festas de Natal, com imensa alegria de todas. Tive o prazer de constatar que a festa do Natal é muito sentida em todos os lugares. Até os aviões estavam adornados festivamente.

No dia seguinte parti, sempre de avião, para visitar as Irmãs das várias Casas dessa república. Fui a Rosário, junto do rio Paraná; em Santa Fé, junto ao rio Salado; em Mendonça, em Tucuman, rica de usinas de açúcar. A seguir voltei a Buenos Aires e com o hidroavião que partiu sobre o rio Paraná cheguei a Currientes e a Resistência.

Deixei a Argentina para visitar o Brasil.

Tendo feito uma escala em Assunção, após ter sobrevoado a Bolívia, chegamos ao aeroporto de São Paulo. Era o último dia do ano. No Brasil demorei-me por mais tempo, porque as casas são mais numerosas.

A casa de São Paulo é grande. Possui cerca de duzentas Irmãs. Também aqui há muitos italianos. É uma cidade movimentada...

Belíssima é a catedral, concluída e consagrada há alguns anos apenas. É circundada por altas colunas de pedra e sobre seus capitéis acham-se esculpidas, à mão, a flora e a fauna do país. De São Paulo, após 3 horas de voo, cheguei a Porto Alegre. Dali visitei as Casas de Pelotas e Uruguaiana, que se limita com a Argentina e é banhada pelo rio Paraná (pois este rio divide-se em duas partes: antes passa através do Brasil, depois passa pela Argentina).

Estive em Curitiba, onde as nossas Irmãs dirigem uma pequena emissora, e em Maringá, onde há extensas plantações de café; são todas cidades novas que tendem a desenvolver-se maravilhosamente.

Ao voltar de Maringá para São Paulo, fizemos escala em Londrina, cidade fundada pelos ingleses, muito rica pelos numerosos armazéns de café.

Após uma breve visita à Casa de Lins, voltei a São Paulo, de onde parti para Belo Horizonte e de lá para o Rio de Janeiro, que atualmente não é mais a capital do país, pois para a sede do Governo escolheu-se a cidade de Brasília. O bispo de Brasília já nos convidou para abrirmos lá um centro de apostolado. Esperamos que as Irmãs possam ir no próximo verão.

Partindo do Rio de Janeiro, após 4 horas de voo, chegamos a Salvador. Aqui faz muito calor e há muita miséria porque as chuvas são escassas. Mais uma hora e meia de voo e visitei Recife, capital do Estado de Pernambuco. Foi a última etapa nas Américas.

Do aeroporto de Recife, sobrevoando o oceano, após 11 horas de voo, chegamos a Lisboa (Portugal). Fiz uma breve visita a Lisboa; depois a Madri, na Espanha e, finalmente, a 3 de fevereiro, cheguei a Roma.

Por toda parte encontrei Filhas de São Paulo cheias de boa vontade, desejosas de doar-se completamente, para a maior glória de Deus e a salvação de muitos. Em todas as casas encontrei muito progresso, também no campo do apostolado.

A Primeira Mestra alegrava-se com o progresso e o trabalho de suas Filhas. Exortava-as a continuarem com coragem e entusiasmo e, ao mesmo tempo, recomendava-lhes que não se cansassem demasiadamente, que não contassem só com as próprias forças.

– Confiemos em Deus – dizia. – Nós somos pequenas e pobres, mas, se formos boas, Nosso Senhor nos dará a graça de chegar a muitas pessoas, de fazer um bem imenso através de nosso apostolado.

Quando fazia as recomendações concernentes à atividade apostólica, a Primeira Mestra usava a tática que mais convinha. As recomendações úteis a todas, fazia-as a todas, com zelo e amor.

– Continuem a trabalhar com fé, com serena esperança e fervor. Compreende-se cada vez mais a beleza de nosso apostolado; cada dia manifestam-se novas necessidades.

E sabia levar em conta o ambiente, as exigências particulares de cada nação, as possibilidades de trabalho, o número de Irmãs, a saúde e as qualidades de cada uma.

Terminada uma viagem, permanecia algum tempo na Casa-Geral, entre as Irmãs de Roma. Após algum tempo reiniciava as viagens. Sem dúvida, cansava-se, mas mantinha-se calma e serena.

Afirma o Sr. Boschi, membro da polícia das fronteiras, junto ao aeroporto de Fiumicino, em Roma:

– Conheci a Primeira Mestra em ocasiões inerentes ao meu serviço, isto é, quando partia e chegava de suas viagens por todas as partes do mundo, quer no aeroporto de Ciampino, como no de Fiumicino. O que me impressionava nela era que, após tantas horas de voo, retornava cansada, sofrida, mas sempre com aquele sorriso meigo.

– Durante uma de suas viagens pelo mundo inteiro – diz o Dr. Clementoni –, notei que a Primeira Mestra não se preocupava com o cansaço, com os contratempos, com as noites indormidas no avião; para ela, bastava cumprimentar, confortar todas as Filhas das casas de quase todos os pontos da terra.

Não é fácil descrever minhas impressões sobre a Primeira Mestra. Sem dúvida, a herança espiritual que deixou às suas Filhas revela o espírito sobrenatural que a animava. E é por isso que todos nós, que a conhecemos na sua amável serenidade e clareza de pensamento, hoje somos levados a invocá-la para que, do céu, ainda proteja as continuadoras da obra por ela fundada.

Durante a guerra, viu-se constrangida a suspender as viagens. Foi justamente neste período que a Primeira Mestra e o Primeiro Mestre se empenharam com o céu para que protegesse todos os membros da Família Paulina; e em sinal de gratidão erigiram um santuário votivo à Rainha dos Apóstolos.

Ao findar a guerra, reativaram-se as iniciativas de apostolado e a Primeira Mestra reiniciou as viagens, atingindo o extremo Oriente. Após o percurso de Calcutá a Manilla, escrevia: "Ontem fiz 18 horas de voo, com apenas três escalas".

Não costumava escrever o diário de bordo, mas nas cartas que enviava a suas Filhas deixava transparecer limpidamente sua alma apostólica. Eis um excerto:

"Do longínquo Oriente envio-lhes as mais afetuosas saudações. Eu as levo todas no coração.

Apraz-me chamar a atenção de cada uma sobre um pensamento que me impressionou de modo particular nesta viagem: quantas pessoas há no mundo que não conhecem e não amam a Deus! É preciso sair um pouco do nosso cubículo para nos persuadirmos desta triste realidade. É fácil ler nas estatísticas: tantos milhões de pessoas... Mas vê-los, que impressão, ainda que seja apenas sobrevoando suas terras!... Quão impressionante é ver essas cidades, quais formigueiros humanos! Crianças e adultos, de costumes, raças e idiomas diferentes! Hereges, cismáticos e especialmente pagãos de toda espécie!

É algo que aperta o coração! Nós, chamadas a um apostolado talmente vasto que abrange o mundo inteiro, devemos sentir a necessidade de ajudar essas pobres pessoas, de fazer-lhes o bem e contribuir para a salvação delas, com a oração e o apostolado.

Devemos, como reza uma de nossas orações à Rainha dos Apóstolos, *sentir em nosso coração as necessidades do mundo, da imensa Ásia, da grande África, das duas Américas, da esperançosa Oceania, da agitada Europa...*

Quisera que todas as Filhas de São Paulo sentissem esse amor pelas pessoas!"

Nas suas viagens, a Primeira Mestra sentia-se movida pela única preocupação de chegar, o quanto antes, a um maior número possível de pessoas. Dizia:

– Há tanto mal no mundo! É preciso que cheguemos logo e antes que os outros!...

Ao voltar de suas viagens, gostava de falar dos costumes, do clima, da produção e das belezas naturais dos vários países.

Mas falava especialmente das incontáveis misérias morais, deixando transparecer seu imenso pesar, para que cada uma tomasse consciência da necessidade e urgência de fazer o bem e de santificar-se a si própria para depois santificar os outros. Dizia:

— Se aquelas multidões pudessem conhecer a Deus!

Mas convicta e decididamente concluía:

— Entretanto, devemos torná-lo conhecido!

Ciente de que as Irmãs aborígenes, melhor do que quaisquer outras, conhecem o modo e a tática convenientes para tratar com os conterrâneos e que, por isso mesmo, encontram mais fácil acesso entre eles, recomendava o trabalho em prol das vocações:

— Sejamos sempre generosas — exortava — e assim Nosso Senhor nos mandará vocações, pois há tanto bem para fazer-se no mundo!

Certa vez, suspirando profundamente, como se uma dor lhe transpassasse o coração, disse:

— Oh! Se pudéssemos fabricar Irmãs do mesmo modo como se imprimem livros!

Sua presença, sua palavra clarividente, e, sobretudo, sua alma intensamente missionária, tinham o poder de infundir alegria e coragem diante dos sacrifícios, em vista do prêmio futuro.

Num tom por vezes poético, dizia:

— Como o navegante, que quando chega ao porto não se recorda mais dos longos, cansativos e perigosos dias de travessia em alto-mar, assim acontecerá conosco quando chegarmos ao porto da eternidade. Não nos lembraremos dos anos passados senão enquanto sentirmos suas consequências. Portanto, não recuemos diante dos sacrifícios, mas trabalhemos sempre pelo paraíso!

Diz Mestra Amália Peyrolo, que na Congregação das Filhas de São Paulo sempre exerceu cargos de responsabilidade:

– Para mim, a Primeira Mestra foi sempre *um raio de sol*. E não só para mim, mas para todas as Filhas de São Paulo.

Pelas atitudes severas que às vezes tomava, dir-se-ia uma pessoa antiquada. Com efeito, não cedia facilmente a inovações de caráter superficial, de limitado alcance ou não orientadas aos fins do apostolado.

Na realidade, porém, a Primeira Mestra era moderna. Não *modernista*, mas moderna na mais ampla e expressiva significação da palavra.

Seus princípios eram os da antiga mas insuperável escola: a da suave *radicalidade* do Evangelho. Nos seus métodos, porém, no conhecimento dos seres humanos, das coisas e das suas necessidades espirituais, nada de antiquado havia na Primeira Mestra. Era do momento presente.

"A Primeira Mestra – escreveu alguém – foi a mulher do nosso tempo. O século XX tinha necessidade dessa mulher dinâmica e forte que singrou mares e cruzou céus, no intuito de dar impulso a iniciativas sempre mais modernas."

– Os meios de apostolado sejam os mais modernos! – afirmou ela numa conferência.

O que devia fazer era para ela claro como a luz do sol. Nas iniciativas apostólicas, a sua palavra era orientadora e decisiva. Nas dificuldades econômicas, relativamente a alguma iniciativa, diante da perplexidade das Irmãs responsáveis, a Primeira Mestra intervinha, dizendo:

– Se for para o bem, faça-se! Quanto ao resto, não nos preocupemos. Tenhamos fé que a divina Providência nos ajudará. Procuremos, sobretudo, o bem das pessoas no apostolado e não os nossos interesses!

Quando o Pe. Fundador lhe disse que era necessário iniciar o apostolado do cinema, aderiu prontamente, demonstrando ampla visão do novo problema.

Intuía a grande importância do cinema a serviço do bem. Compreendia profundamente o poderoso influxo dos meios modernos de comunicação social na vida dos indivíduos e na sociedade.

Repetia às suas Filhas:

– Trata-se de milhões e milhões de pessoas que passam, semanalmente, duas, três ou quatro horas nas salas cinematográficas. E aprendem o bem ou o mal, a verdade ou o erro; tudo depende do bom ou do mau filme. Imaginem quantas pessoas se perdem!

Reconduzir ao caminho do bem, anunciar a Palavra de Deus, da verdade, através do cinema, da imprensa, do rádio, eram os seus pensamentos predominantes.

Desde o seu primeiro encontro com o Pe. Alberione, do seu primeiro tirocínio apostólico em Susa, compreendeu ela, profunda e claramente, a influência que a imprensa exerce nos homens. Confirma-o o jornalista Chiesa:

– Jamais esqueci a colaboração inteligente e solícita que Teresa Merlo me prestava, para que o jornal *La Valsusa* melhorasse sempre mais. Empenhava-se assiduamente na correção das provas tipográficas, na escolha dos melhores tipos para os títulos, enfim, na sua perfeição técnica.

A tiragem do jornal crescia continuamente, com grande satisfação de Teresa Merlo.

Seus comentários limitavam-se a esta consideração:

– Quanto mais um jornal é espalhado e lido, tanto mais numerosas são as pessoas que leem um bom pensamento e são estimuladas pelo bem. É precisamente este o apostolado da boa imprensa.

Falando acerca do rádio, disse, sorrindo:

– Através do rádio, verifica-se o que Deus falou na Sagrada Escritura pela boca do profeta: "A minha palavra será ouvida no mundo inteiro".

De fato, ela empenhou-se, com a decisão que lhe era habitual, para que através do rádio as verdades atingissem a mais ampla esfera possível.

Afirma Irmã Estefanina Cillario, uma Filha de São Paulo que por longos anos desempenhou preciosa e eficaz atividade apostólica no Brasil:

– Na última visita que a Primeira Mestra nos fez em Curitiba (em 1959), interessou-se seriamente pelo trabalho que exercíamos numa pequena emissora, na arquidiocese. Ponderava os esforços, os desejos, as possibilidades e as dificuldades.

Ficou pensativa ao saber que, de boa vontade, muitas emissoras lançariam ao ar as lições catequéticas e palestras gravadas em fitas magnéticas, não fossem algumas dificuldades de caráter técnico e prático que impossibilitavam essa realização.

Ao sairmos do estúdio da emissora, entre uma conversa e outra, a Primeira Mestra, como a concluir um seu diálogo íntimo, disse:

– Ouça! Se não é possível transmitir palestras e lições catequéticas por meio de fitas magnéticas, gravem discos. Os discos são ouvidos por toda parte, não é verdade?

Fiquei pasmada. As dificuldades afiguravam-se ainda maiores. Éramos poucas, sentíamo-nos incapazes, não morávamos numa metrópole...

Naturalmente comecei a apresentar minhas objeções. Ao que a Primeira Mestra respondia:

– Não, não! Façam, façam! É preciso fazer o bem! A Palavra de Deus deve ser anunciada. Façam!

Respondi timidamente:

– Procuraremos informar-nos e faremos aquilo que pudermos.

– Façam logo! – acrescentou. – Mesmo que inicialmente os discos não sejam perfeitos, não importa. Basta que se faça o bem. Depois, pouco a pouco aperfeiçoá-los-ão!

No dia seguinte, enquanto íamos ao aeroporto, indiquei-lhe um edifício em construção para pedir-lhe a autorização de abrir naquele local uma nova livraria. Obtive a aprovação desejada. Mas seu pensamento dominante, naquele momento, era o apostolado radiofônico. Interrompendo a conversa, acrescentou:

– Façam logo os discos catequéticos! Estou certa de que saberão realizá-los e que farão grande bem! E não se detenham a consultar muita gente. Não façam barulho! Façam logo e confiem em Deus. Ele as abençoará. Eu rezarei por essa finalidade!

Os fatos confirmaram quanto Nosso Senhor abençoou esta iniciativa apostólica!

O problema da *salvação das pessoas* dominava o pensamento e o coração da Primeira Mestra.

Sua última viagem ao Oriente, em 1962, foi para ela um triunfo e um sofrimento. Triunfo, porque seu coração se regozijava no Senhor, observando o desenvolvimento da Congregação. Sofrimento, porque via as necessidades da Igreja e a impossibilidade de atender logo a tudo.

Eis uma de suas últimas decisões, reveladoras de seu espírito missionário. Em outubro de 1963, planejava-se a abertura de uma casa na Bolívia. Mas duvidava-se da possibilidade de exercer o apostolado das edições numa nação onde a maioria dos habitantes era analfabeta. E permanecia-se na incerteza.

A Primeira Mestra, iluminada como sempre – ao menos nas decisões mais importantes –, eliminou toda dúvida, dizendo:

– Se a maioria das pessoas não sabe ler, faremos o bem através das imagens e discos. Também lá é preciso tornar conhecido Nosso Senhor. Também na Bolívia é preciso, de algum modo, divulgar o Evangelho!

Escreve Madre Roseta de Lara:

"O Evangelho era a sua leitura preferida. Quando falava dele, seu olhar iluminava-se. Lê-lo e meditá-lo era a delícia do seu espírito".

Diz ainda: "Num encontro que tive com ela, disse-me: 'Oxalá pudéssemos penetrar a fundo todas as palavras de Jesus! Descobriríamos sempre novas luzes e nos tornaríamos sempre melhores. Eis porque devemos rezar para que o Evangelho seja difundido, amado e vivido!

Com todos os meios modernos, como seria fácil fazer que o Evangelho entrasse nas famílias e na sociedade! Ao invés...!

Rezemos e ofereçamos nossos sofrimentos por esta finalidade! E o mundo tornar-se-á melhor'".

159

"Seus olhos enchiam-se de lágrimas ao pensar no paganismo e na irreligiosidade", afirma Irmã Elvira Bauleo, teresiana. "Mas sua fé foi sempre forte. Jamais arrefeceu. Nem mesmo quando inesperados tumultos puseram em risco a vida de suas Filhas, no Congo, enquanto um sacerdote da *Família Paulina*, Pe. Miquelino Gagna, morria mártir da Eucaristia. Nessa ocasião, vimos que a Primeira Mestra muito sofreu, também porque não lhe fora possível visitar as Irmãs da África, a fim de levar-lhes seu conforto."

Mas aonde ela não podia chegar, enviava um pouco de si mesma: oração e sofrimento.

Ainda mesmo quando a Primeira Mestra se viu absolutamente impedida de locomover-se, de trabalhar e viajar, não ficou inativa. Rezava, meditava, sofria, oferecia-se pelo apostolado ao qual se entregara com total generosidade, desde o início até a sua plena expansão em todas as partes do mundo por ela conhecido.

"A obra de Pe. Alberione – afirma ainda o antigo diretor do jornal *La Valsusa* –, com a intensa colaboração da Primeira Mestra Tecla, frutificou de maneira tal que humanamente não se pode explicar. Com efeito, é impossível demonstrar, sob o ponto de vista simplesmente humano, como as oito jovens de Susa se multiplicaram em mais de duas mil Irmãs, de todas as nacionalidades e raças."

12
Oferta heroica

*Aos 27 de maio de 1961
a Primeira Mestra escrevia à mestra das noviças:
"Amanhã, festa da Santíssima Trindade,
quero fazer a oferta da minha vida
a fim de que as Filhas de São Paulo
sejam todas santas".*

"Costumo frequentar seu hospital de Albano – disse um sacerdote às Filhas de São Paulo – e, olhando para a grande fotografia da Primeira Mestra, que domina a parede da sala de ingresso, parece-me ter uma visão de paraíso. Sorriso meigo e sereno. Nada de severidade."

É verdade.

Mansidão conquistada mediante o controle contínuo dos seus atos e o perfeito domínio de si.

Frescor e perene juventude do espírito, que se renovava cada dia no contato com o Divino Mestre.

Doçura que se tornou sempre mais acentuada no período da doença que, aliás, ela quase pressentia. Escreve uma Irmã:

"A 5 de fevereiro de 1963, a Primeira Mestra fez-me uma confidência que me levou a intensificar as orações por ela.

'Escute', disse-me, 'não estamos muito bem...'. Fez uma pequena pausa e acrescentou: 'É mesmo assim'. Outra pausa e continuou: 'Mas não tão mal para ficar de cama. Portanto, é preciso prosseguir, mesmo que se está mal e se sofre. Sinto realmente que não dá... mas seja o que Deus quiser'.

A sua voz tinha uma inflexão de tristeza. Sorria com ternura e um pouco de melancolia. Refez-se em seguida, alargando um sorriso sincero, o sorriso da pessoa que possui plenamente a Deus".

Nos últimos anos, seu rosto trazia sulcos de fadigas e de sofrimento, mas conservou até o fim a serenidade habitual.

A primeira crise da doença surpreendeu-a de noite. A enfermeira que durante a doença, mais do que outras, esteve a seu lado, narra o seguinte:

– Na manhã de 16 de junho de 1963, a Primeira Mestra deu mostras de sentir-se mal. Apesar disso, não mudou o plano de trabalho previsto para aquele dia, isto é, dar audiência às noviças, que faziam Exercícios Espirituais em Ariccia, e presidir o Conselho Geral para a admissão das noviças à profissão religiosa.

Durante a reunião do conselho também as Irmãs conselheiras perceberam que a Primeira Mestra não se sentia bem.

– Falava com dificuldade – diz Mestra Assunta Bassi, uma das conselheiras –, como se a língua se lhe intumescesse na boca. Repetia com frequência palavras que não eram conformes ao assunto. Começamos então a preocupar-nos.

– Era o início de um espasmo cerebral com ameaça de trombose – continua a enfermeira em seu breve diário.

Pelas 22 horas, a doença manifestou-se em toda a sua gravidade. Decidiu-se administrar-lhe a Unção dos Enfermos. Durante os preparativos, a Primeira Mestra soltou um gemido, contraiu-se e perdeu os sentidos.

Após alguns instantes, repentina palidez acometeu-a e a respiração tornou-se difícil. As Mestras que com ela eram responsáveis pelo governo da Congregação, ficaram atemorizadas diante da precipitação dos acontecimentos que pareciam fatais.

Humanamente falando, nada havia a fazer. Todavia, pelas 3 horas da madrugada, contra toda expectativa, as condições da doente tiveram ligeira melhora.

Às 5 da manhã, a Primeira Mestra abriu os olhos e disse-me:

– Oh! Que faz você aqui?

Ao ouvir de novo a sua voz querida, após o terrível pressentimento de não ouvi-la mais, senti viva e profunda emoção.

Depois de alguns dias, podia-se dizer que a crise fora superada. O físico da Primeira Mestra ficou enfraquecido de tal modo, que não lhe foi mais possível retomar a atividade habitual. Embora sofresse muito por causa da inação forçada a que, sem dúvida, não estava afeita, não se mostrou impaciente. Era, pelo contrário, dócil aos médicos, às enfermeiras e ao horário. Estava acostumada a ver em tudo a mão de Deus.

De quando em quando, visitava as doentes mais graves. Interessava-se pelos trabalhos iniciados na construção da nova Igreja e dos novos pavilhões. Do alpendre de seu quarto, seguia os trabalhos. Certo dia, ao anoitecer, enquanto se dirigia ao terraço do pavilhão em construção, disse:

– Vamos aspergir aquelas paredes com um pouco de água benta!

Enquanto Mestra Constantina, superiora do hospital, aspergia água benta, ela entoou a antífona do *Asperges*.

Sua fé sólida e ao mesmo tempo tão simples manifestou-se mais uma vez naquele gesto que se tornou tradicional entre as Filhas de São Paulo. Entre os tijolos das casas paulinas, oculta-se sempre alguma gota de água benta.

Durante os meses de agosto e setembro, as Irmãs da casa de Roma tiveram a consolação de ter novamente a Primeira Mestra entre elas, por algumas horas. Depois dessas rápidas viagens, voltava ao hospital sempre muito cansada. Aos 18 de agosto, assistiu com maternal complacência a uma pequena

165

homenagem que lhe foi prestada pelas Irmãs do hospital. Ao findar, congratulou-se com as organizadoras da festa e a todas quis dar o seu abraço e a sua bênção.

Aos 22 de novembro, nova crise, causada por um espasmo cerebral, privou-a daquelas rápidas e ligeiras visitas a Roma e impediu-lhe as breves caminhadas aos quartos das demais enfermas.

Essa crise abriu o capítulo doloroso da vida da Primeira Mestra, porque a privou também da alegria de poder conversar, de comunicar seu pensamento.

Quando a Primeira Mestra compreendeu que a doença privara-a da fala, chorou. Não poderia mais expressar o que sua mente, de modo ainda tão claro, lhe sugeria. Não poderia nem mesmo escrever. Certa ocasião tentou fazê-lo, mas não conseguiu. Ao constatar que nem mesmo podia escrever, entristeceu-se muito.

Escondeu o papel onde tinha feito alguns rabiscos, para depois mostrá-lo a uma Mestra e dizer-lhe:

– Veja, não fui capaz de escrever! (Não conseguiu dizê-lo, mas deu-o a entender claramente!)

– Eis o que eu consegui fazer! Só rabiscos...

E as lágrimas rolavam-lhe pela face. Deus contara suas palavras e possibilidades, como já contara seus dias. A Primeira Mestra compreendeu-o. Chorou, mas, como sempre, deu sua amorosa adesão à vontade do Pai.

Aos 29 de novembro, iniciou a novena em honra da Imaculada. No terceiro dia, estando um pouco melhor, conseguiu recitar a Ave-Maria. Fixou-me com seu olhar inteligente e não pôde conter as lágrimas de alegria e gratidão.

Exprimia, frequentemente, o desejo de ir à capela.

– Quando? – conseguia dizer, indicando a direção da capela.

Dado que só com Deus podia falar facilmente, desejava visitá-lo o mais frequentemente possível.

Certo dia, após o almoço, já que não se lhe permitiam mais ir à capela, fez enérgico sinal de querer levantar-se: – Vamos! – disse, dirigindo os olhos para a capela. Tão evidente era seu desejo de encontrar-se com o Mestre Divino, que era impossível resistir-lhe.

Chegou à capela lentamente e com grande esforço. Fixou logo os olhos no Tabernáculo. Permaneceu imóvel por alguns minutos e, depois, obediente à voz da enfermeira que lhe havia sussurrado: – Vamos! – saiu satisfeita.

Desde esse dia, fez sempre, depois do almoço, uma breve visita a Jesus. Era o único passeio do dia: cinco metros de distância. Em janeiro transferiu-se para o novo pavilhão do hospital. Tudo lhe agradava; por tudo se mostrava reconhecida. Gozou, porém, por pouco tempo do novo ambiente.

A morte aproximava-se a passos sempre mais céleres e decididos; todavia, a Primeira Mestra a encarava com serenidade.

Não trabalhara por vaidade.

Não procurara sobressair-se.

Sempre humilde e modesta.

Heroicamente generosa e obediente.

Desejara sempre agradar o Mestre Divino.

Procurara sempre a glória de Deus. Dizia:

– Toda a nossa vida deve ser consumida por Deus: Tudo em nós deve tender para Deus. Bem-aventurados os passos dados pela glória de Deus!

A salvação das almas era para ela problema de particular urgência.

Repetia às Irmãs:

– Amemos a Deus e as almas! Vivamos destes grandes amores e todas as outras coisas passarão a um segundo plano.

Completamente desprendida.

Plenamente conformada à vontade de Deus.

Em íntima comunhão com ele, também em meio a grande atividade.

Como poderia temer a morte?

A morte para ela era o *chamado de Deus*.

– Estejamos sempre prontas ao chamado – exortava – não apenas de consciência limpa, mas ricas de merecimentos.

Costumava dizer:

– Quem nos assegura que amanhã estaremos ainda vivas?

A essa pergunta que frequentemente dirigia à comunidade, seguia infalivelmente a conclusão:

– Estamos nas mãos de Deus.

Afirmava ainda:

– O tempo voa. Façamo-lo frutificar para a eternidade.

A morte era para ela o *encontro com o Pai*.

– Como será maravilhoso encontrar-se com o Pai! – dizia ao capelão. – Lá estaremos em nossa casa.

Nas conversas que à tardinha trocava com o capelão do hospital – antes da segunda crise da doença –, gostava particularmente de discorrer sobre o encontro com Deus, sobre o significado íntimo e profundo da visão de Deus, sobre a transformação da miséria do corpo humano na luz da ressurreição e da glória.

Sem dúvida alguma, a Primeira Mestra foi ao encontro da morte com sentimentos de gratidão.

– Dizia quase sempre *Deo gratias!* – afirmava o médico que a tratava. Ora, agradecer continuamente a Deus tem um significado. *"Deo gratias!"* [Demos graças a Deus] são apenas duas palavras, porém exprimem mais do que um discurso.

Esse fato levava-me a pensar em outra personagem da história cristã, São Francisco de Assis. No Cântico das Criaturas ele agradece e louva a Deus por todas as coisas criadas, inclusive a morte. São Francisco a chamava de *irmã*. E a Primeira Mestra também agradecia a morte.

De quando em quando, brotavam-lhe dos lábios expressões de cândida admiração:

– Que coisas lindas! Como Nosso Senhor é bom! Sempre pensei em trabalhar e fazer a vontade de Deus! Quando faço a visita eucarística, penso frequentemente no Pai e no Espírito Santo que estão ali com Jesus...

Essas são apenas algumas das expressões da graça que ela exprimia com entusiasmo simples e juvenil. A simplicidade jamais abandonou a Primeira Mestra. Não tomava poses, nem mesmo nas decisões mais empenhativas. Assimilara as lições de candor e transparência evangélicas.

A morte era para ela a porta de ingresso no "lindo paraíso que nos espera".

Animava a uma Irmã doente com estas palavras:

– Coragem e paciência! Pense no lindo paraíso onde estaremos bem. E para sempre! – e acrescentava: – Conquista-se o céu com a paciência, e esta se compra no Tabernáculo.

Numa conferência feita às Irmãs, afirmava com crescente entusiasmo:

– Viver com o pensamento em Deus. Tudo devemos esperar dele e de sua bondade! Olhemos sempre para o alto, para o céu. Lá está a nossa verdadeira pátria, o lugar que o Divino Mestre preparou para nós. Lá devemos chegar a todo custo! E não a um lugar qualquer, mas bem no alto: no *nosso lugar*...

Semelhante modo de pensar e de sentir, de falar e de viver, não se improvisa. Conquista-se na reflexão e na oração, durante a vida inteira; adquire-se na fadiga de cada dia, no trabalho generoso, na renúncia de si mesmo, na luta contra os próprios defeitos, no *frutificar* ao máximo para a eternidade, e que a Primeira Mestra falava com tanta unção e força.

Ela soube, no pleno significado da palavra, tornar frutuosa a própria vida, até o fim de seus dias.

Atesta o capelão do hospital:

> – Jamais conseguirei avaliar suficientemente o privilégio de ter assistido a Primeira Mestra durante a sua última doença; pude entrever naquela alma a imagem de Cristo, que nela se refletia nitidamente. Tive o privilégio de ler em seu coração, porque ela se manifestava plenamente. Não reservou para si segredo algum. Que tesouro, que riquezas de graça havia naquela alma! Soube valorizar ao máximo o período de enfermidade. De *discípula penitente* transformou-se em *mestra de penitência*, porque se serviu dos meios de penitência de que a Igreja põe à nossa disposição. Pedira humildemente:
> – Desejaria receber o sacramento da Unção dos Enfermos, para santificar o sofrimento e a doença e para preparar-me bem para a morte, se esta for a vontade de Deus.
> Após alguns dias, restabelecida da primeira crise da doença que lhe tolhera, momentaneamente, o uso dos sentidos, afirmava com sincera simplicidade:
> – Percebo que há em mim maior abundância de inspirações. Sinto mais facilidade para fazer o bem e aderir à vontade de Deus. Devo isto ao sacramento dos enfermos.

Quis receber todos os dias a absolvição. Todas as tardes, com raras exceções, ia visitá-la: um breve colóquio, depois a absolvição. Dizia-me:

– E agora, dê-me a absolvição; purifique-me. Sinto grande necessidade de reparar o passado e preparar-me para o encontro com Jesus. Quero que naquele encontro os olhos de Jesus não achem em meu coração nada que lhe possa desgostar.

Posso afirmar que jamais encontrei falta, nem grave nem leve, na Primeira Mestra. Antes, nem mesmo *imperfeições voluntárias*. Era uma alma perfeita, que alcançara a união plena com Deus. E apesar disso, confessava-se todos os dias. Pedia e recebia a absolvição com muita humildade e reconhecimento: para purificar-se do passado e preparar-se ao encontro com Jesus. Não tendo culpas atuais, acusava apenas o que notava em si de menos perfeito, de menos límpido, como algo que desagradasse a Deus. Eu, porém, via nisto toda a sua delicadeza e perfeição de sua alma (D.D.).

Durante a doença, o seu aspecto tornara-se meigo. Em seu rosto brilhava outra luz, em seu olhar outra ternura, em seu coração outro carinho.

As Irmãs que viviam a seu lado pressentiam-lhe a santidade.

A Primeira Mestra tornara-se uma oração vivente. Quase sempre com o terço nas mãos, alternava as palavras com um beijo no crucifixo.

Uma Irmã das Pequenas Discípulas de Jesus afirma:

– Quando eu lhe perguntava: "Como vai, Primeira Mestra?". Ela respondia: "Como Nosso Senhor quer. Estamos nas mãos dele".

Nas mãos de Deus e perfeitamente conformada com a sua vontade, contanto que pudesse agradar-lhe, calma, meiga, aguardava o chamado divino.

Do coração brotava agora o canto do sofrimento, aceito em Deus e com Deus, num sorriso calmo, que transparecia a presença divina, numa paciência generosa, que lhe dava força. Havia nela uma coragem nova – ela que fora sempre tão corajosa! Havia tal constância que raiava o heroísmo.

Compreendeu profundamente o valor da doença, do sofrimento e da morte. Disse ao padre capelão:

– Em minha vida sempre trabalhei. Agora, Nosso Senhor quer que eu sofra. É necessário unir a ação ao sofrimento, porque Jesus também, em sua vida, antes trabalhou, depois sofreu. Morreu sobre a cruz. E nós devemos seguir Jesus e imitar-lhe o exemplo. E agora, à pouca atividade que exerci, uno o sofrimento. Aceito-o porque me une a Jesus crucificado. São Paulo dizia que completava em seus membros a paixão de Jesus Cristo. Pois bem, eu também me considero unida a Jesus sofredor, a Jesus crucificado. Que ele aceite o meu sofrimento, a minha morte. A morte me unirá plenamente a Jesus!

Sofria com amor, um amor que era sacrifício completo. Dissera às suas Filhas: "Entreguemo-nos já totalmente a Jesus. E por que não segui-lo até o Calvário?".

Para o bem das Filhas de São Paulo ela sempre trabalhara e agora sofria. Era *mãe*. E as verdadeiras mães sofrem.

– Depois de ter haurido nas profundidades da oração – disse S. Exa. Dom Mancini –, hauriu na preciosidade do sacrifício. A Primeira Mestra elevou a oração vocal, mas elevou com ânimo mais generoso a oração do sangue. Sofreu durante toda a vida. Hoje, admirados, contemplamos o seu trabalho. Bem 28 nações acolheram as Filhas de São Paulo. Homens aos milhares são beneficiados pela sua obra. Todavia, a nossa admiração cresce ao pensarmos que realizou tudo isso sempre sobre ameaça de deixar este mundo de um momento para outro. Ela, que ao mundo tanto beneficiava, não quis do mundo nenhuma alegria, nem mesmo a de possuir saúde robusta que lhe possibilitasse viajar com maior tranquilidade de uma nação a outra. E viajou igualmente. Eis o motivo da nossa admiração. Essa obra de Deus, a grande Congregação, deveria difundir-se pelo mundo, pois nascera não apenas da oração dos lábios, mas, sobretudo, orvalhada pela oração do sangue, pelo sofrimento contínuo que a Primeira Mestra, qual mãe, oferecera a Nosso Senhor para que ela tivesse consistência.

Agora que o seu físico está abatido, agora que lhe é negada a palavra, volve ao céu o espírito, o rosto, o olhar, num ato de sublimação. E na intimidade de sua alma repete a intenção: sofrer, oferecer a vida pela santificação de suas Filhas.

– Era realmente mãe – afirma um sacerdote, falando às Filhas de São Paulo. – Por suas filhas deu tudo, deu a vida, subiu seu calvário. Morreu com Jesus: pelo bem, pelo progresso, pela salvação dos outros e particularmente pelas Filhas de São Paulo.

Enquanto se consumia era essencialmente mãe, a renovar a oferta da sua vida pelo mais sublime dos ideais. Sim! Renovava-a, pois três anos antes já fizera a oferta de si mesma.

A 27 de maio de 1961, numa cartinha pessoal, escrevia à mestra de noviças:

– *Amanhã, festa da SS. Trindade, quero fazer a oferta da minha vida a fim de que as Filhas de São Paulo sejam todas santas.*

No Natal do mesmo ano, tornava pública a sua decisão, escrevendo a todas as Irmãs: *"Desejo que sejam todas santas: para isso ofereci a minha vida".*

Com a generosa e heroica oferta da sua vida, a Primeira Mestra atingiu o ápice da trajetória ascendente para Deus. De fato, ela já não vivia senão na esperança e na expectativa de sua plena posse na glória.

Ao sacerdote – que considera um especial privilégio o tê-la assistido durante a última doença – ela dizia:

– O céu é o estado em que se dá plena glória a Deus. Lá não estaremos sujeitos às misérias terrenas; seremos perfeitos, não é verdade? Oh! Ressuscitar belos, jovens, na plenitude da força! Ressuscitar! E para não mais sofrer, não mais morrer.

Ao afirmar essas verdades, exultava. O seu rosto transfigurava-se-lhe e os olhos brilhavam de profunda e intensa alegria.

"Ressuscitar, e ressuscitar *perfeitos*, de modo que nada mais haja que possa desgostar a Deus. Que possamos permanecer na presença de Deus, cantar seus louvores, assemelhar-nos a ele e agradar-lhe em tudo. Que ele possa, plena e perfeitamente, comprazer-se em nós!"

Tais eram os desejos da Primeira Mestra, desejos que se tornaram vivíssimos nos últimos meses de vida.

Afirma o capelão:

– Se a Primeira Mestra tinha um pesar, era o de constatar os seus limites, ver que em si mesma nem tudo era perfeito. Com um límpido olhar via suas imperfeições e por isso desejava a glória da ressurreição.

– Antes com a alma – dizia – e depois com o corpo, iremos a *nossa casa*, não é verdade?

No último período de sua vida foi particularmente enriquecida de luzes, dons e graças sobrenaturais. Quando comungava, parecia que sua alma penetrasse em Jesus e Jesus nela. Assim o é, realmente. Mas isto nela era evidente, porque estava absorta em Deus.

Sua jornada terrena concluiu com um rendimento formidável. Quando se crê na vida invisível do espírito, quando se obedece ao impulso do Espírito Santo e se corresponde a todos os desejos seus, fecha-se sempre o balanço com um ativo extraordinário, incrivelmente brilhante.

Afirmou o Pe. Fundador:

– Quanto foi obscuro o início, tanto foi esplendente e glorioso o fim.

Escreve o médico que a tratara:

"À medida que a inexorável doença progredia, apoderando-se dos órgãos vitais, obstando e destruindo as últimas possibilidades de vida, o corpo reagia em luta desesperada, nas últimas e mais fortes convulsões, tal como reagira e resistira às primeiras crises; à medida que lentamente se esvaía aquela inteligência de escol e numa última convulsão cedia o pobre corpo que havia hospedado tão grande alma, paga pelo bem que prestara, que ensinara e que dera, o seu espírito elevava-se finalmente aos espaços livres e serenos; e dele se podia ainda sentir, no próprio ar, esse anseio eterno de vida, de virtude, de sabedoria e de infinita bondade.

Mestra Assunta Bassi assim descreve o último dia da Primeira Mestra aqui na terra:

A 4 de fevereiro de 1964 nos reuníramos em Albano, para tratar de alguns assuntos. Antes de iniciar a reunião, fomos visitar a Primeira Mestra. Fiquei impressionada ao vê-la tão emagrecida, mas com os olhos luminosíssimos. O rosto e o olhar pareciam os de uma criança inocente. Um olhar desprendido, límpido, sem sombras de pensamentos e preocupações humanas.

Olhava-nos e sorria. Quando entramos em seu quarto, parecia que estava a nossa espera. Não falava mais, como sabemos, mas ouvia e entendia tudo.

Dissemos-lhe:

– Primeira Mestra, vamo-nos reunir para trabalhar. Reze por nós.

– Sim, sim, sim! – respondeu.

E sorria, sorria continuamente.

Terminado o trabalho, ou melhor, interrompendo-o para o almoço, Mestra Constantina disse-nos:

– A Primeira Mestra já almoçou e espera-as para cumprimentá-las antes de adormecer.

Voltamos ao quarto. Encontramo-la absorta na contemplação de alguma coisa que eu não saberia definir o que fosse. Repito, impressionou-me aquele olhar: um olhar extasiado, estranhamente alegre; era o sorriso de uma pessoa que não está mais aqui na terra, de uma pessoa a quem não mais interessam as coisas terrenas. Pensei comigo mesma: "Que expressão tem hoje a Primeira Mestra!".

Era quase um presságio, porque no dia seguinte, àquela mesma hora, a Primeira Mestra entrava em agonia.

Nas primeiras horas da manhã, no dia 5 de fevereiro, teve a consolação de receber a visita do Primeiro Mestre.

Transcorreu a manhã em meio ao sofrimento, sempre, porém, com um sorriso que não era mais desta terra.

Pelas 11 horas Mestra Inácia devia ir ao aeroporto de Fiumicino. Passou pelo quarto da Primeira Mestra para despedir-se.

– Primeira Mestra – disse Mestra Inácia – vou a Roma, mas volto logo!

A Primeira Mestra olhou-a longamente, fixando-a.

– Muito bem! – respondeu-lhe sorrindo.

Mestra Inácia já estava saindo do quarto, quando a enfermeira, que se achava junto ao leito da Primeira Mestra, chamou-a novamente porque ela, fazendo sinal com o dedo, demonstrava o desejo de querê-la junto de si.

Aproximando-se da cama, inclinou-se levemente para ela. E a Primeira Mestra, sem pronunciar palavra, estendendo os braços a abençoou, abraçou e beijou.

A seguir, subiu Mestra Inácia à seção de cirurgia para cumprimentar uma Irmã que havia sido operada. Não entrara ainda no quarto quando a chamaram com urgência:

– A Primeira Mestra está passando mal!

Desceu rapidamente as escadas, chegou à porta do quarto e constatou o repentino agravamento. Pouco depois a Primeira Mestra entrava em agonia. O abraço e o beijo que dera à Mestra Inácia eram de despedida.

A superiora do hospital que presenciara aquela cena escreve: "Não posso esquecer a última saudação, o último abraço que a Primeira Mestra, antes de entrar em agonia, deu à vigária-geral. Aquela despedida e aquele abraço pareceram-me um sinal da entrega da sua herança: a Congregação."

Entrou em agonia cerca das 12:30 horas – continua Mestra Assunta. – E nós permanecemos ao redor dela, rezando. Seu rosto podia-se bem comparar ao de Jesus agonizante. Realmente, à cabeceira da cama, na parede, havia um quadro de Jesus agonizante, que uma das Irmãs enfermas pintara para ela. A Primeira Mestra tinha o rosto inclinado do mesmo lado de Jesus e a mesma expressão espasmódica de um agonizante que sofre.

Acometeu-a um estertor que, insistente no início, tornou-se mais forte depois, e a seguir mais lento.

Pensava comigo mesma: "Meu Deus, como está sofrendo a Primeira Mestra!... Mas esta morte não é a sua. Ela está morrendo por alguém... por todas nós...".

O Primeiro Mestre, o mais atingido pela dor, disse-nos:

– Leiam o trecho do Evangelho que narra a paixão de Jesus!

Irmã Maria Teresa, sobrinha da Primeira Mestra, abriu o Evangelho e começou a ler alto. Leu até as palavras: "E inclinando a cabeça, expirou" (Jo 19,30).

A esta altura, o Primeiro Mestre voltou-se e disse:

– Basta! Recitem agora, em voz alta, a fórmula da profissão.

A agonia continuava num espasmo que dilacerava a alma.

Achegou-se o Primeiro Mestre bem perto dela e sugeriu-lhe:

– Primeira Mestra, ofereça sua vida pela Congregação, ofereça sua vida e os sofrimentos para que todos os membros da Congregação sejam santos.

E nada mais acrescentou, porque um nó lhe apertava a garganta.

Aproximou-se dela novamente e rezou:

– Jesus, espero em vós, creio em vós, amo-vos de todo o meu coração...

Seguiu-se uma pausa de silêncio ao redor daquele leito que se transformava em altar, sobre o qual se imolava uma pessoa cheia de fé e de amor.

O estertor tornava-se sempre mais longo, com intervalos de silêncio. A Primeira Mestra abriu os olhos, fechou-os, retesou os dedos. Sem convulsão alguma cessou o estertor.

Já havia sofrido antes. O seu último instante foi muito suave.

A Primeira Mestra havia procurado a perfeição da própria alma e o pleno desenvolvimento da Congregação. Tais objetivos estiveram sempre presentes ao seu espírito e foram gloriosamente conquistados. Com efeito, atingiu uma *perfeição consumada*.

A sua união com Deus, a 5 de fevereiro de 1964, havia tocado as raias da mística.

Pôde ver o crescimento e a expansão da Congregação que ela dirigira com amor e fortaleza, com sabedoria e prudência; pôde ver as suas Irmãs disseminadas em centenas de casas, espalhadas por toda parte para a difusão da verdade, com os meios modernos da comunicação do pensamento.

O Decreto sobre os Meios de Comunicação Social comprovou e exaltou a Congregação, guiada com heroísmo pela mão sábia e prudente de uma mulher de saúde precária.

O pequeno opúsculo sobre "os meios de comunicação social" foi-lhe entregue em Albano. Ao recebê-lo, olhou-o com profunda e íntima alegria. Poderia exclamar: "Agora, Senhor, deixa partir em paz a tua serva! (Lc 2,25). Com esta aprovação oficial estou certa de ter servido à Igreja e tenho a garantia de haver deixado um patrimônio imenso, seguro, útil e eficaz para a difusão da palavra de Cristo!"

Conseguiu ler o decreto. E dos seus lábios, como de seu coração, brotou um pleno *Deo gratias!*"

A promulgação do decreto que reconhece definitivamente a missão específica das Filhas de São Paulo na Igreja universal e a considera no seu valor intrínseco foi para a Primeira Mestra a última e inefável alegria desta terra.

13
Depoimentos

*... Viveu os segredos do coração a coração
com Deus. Tocou as profundezas
do coração de Deus e do seu amor*
(S. Exa. Dom Mancini).

*... Eu, que a estava observando,
não senti a sua morte. Creio que de fato
aí estivessem os anjos.
Não os vi, não era digno.
Senti, porém, sua presença*
(Dr. Catucci).

Médicos que a viram sofrer

"A simplicidade no trato e a grande modéstia revelavam-lhe a personalidade que se manifestava em suas conversas breves, calmas, eficazes, essencialmente práticas, que iam diretamente ao objetivo. O interesse que demonstrava pelas atividades do Instituto, demonstrou-o no empenho com que seguia minha obra, até mesmo nos pormenores, procurando sempre facilitar tudo. Quando algumas Irmãs foram acometidas por enfermidades graves, revelou a bondade e a grande sensibilidade do seu espírito, mediante o afeto e os cuidados especiais que dedicava a cada uma das doentes.

Tornando-se difícil o tratamento das doentes na pequena enfermaria do Instituto, foi necessário fazer uma construção junto à casa de Grottaferrata, para que servisse de hospital. Mas essa casa bem depressa se tornou insuficiente, e então a Primeira Mestra teve a ideia de construir um novo hospital em Albano. Ela mesma escolheu o local. Parece-me vê-la ainda sorrindo, a subir a colina sombreada de oliveiras, cansada, mas radiante, ao pensar naquilo que em breve se realizaria ali.

Nas visitas e nas breves estadias em Albano, entre uma viagem e outra às casas paulinas disseminadas pelo mundo, vimo-la ir declinando aos poucos, sempre afável, sorridente, simples, humilde e solícita para com os outros, e nunca consigo mesma, aceitando com resignação e paciência tudo o que lhe era imposto por causa de sua débil saúde. Mesmo nas últimas semanas, consciente do que lhe estava acontecendo, jamais arrefeceu a firmeza de seu caráter, a tranquilidade de seu espírito, a afabilidade de suas palavras e a doçura do seu olhar" (Dr. L. Coari).

***

"A Primeira Mestra possuía o raro senso de altruísmo que só uma mãe afetuosa e solícita pode abrigar no coração.

Não só se interessava por tudo, mas às vezes eu ficava admirado ao notar que, embora ocupada e preocupada por tantos e tão diferentes problemas, quais os de uma Congregação espalhada em todo o mundo, ela não se descuidava das pequenas coisas, como, por exemplo: preparar o enxoval para um sacerdote prestes a partir para o estrangeiro, mostrar-se solícita e materna com uma Irmã acamada por uma simples gripe.

Para ressaltar melhor este profundo senso materno, basta que eu relate o que aconteceu precisamente comigo.

Logo após a guerra, havia grande falta de meios de transporte, e eu dispunha apenas de uma motocicleta. Certo dia, a Primeira Mestra viu-me chegar de motocicleta ao pátio das Filhas de São Paulo, em Roma. Eu estava mais ou menos agasalhado, porque fazia um pouco de frio. Com uma expressão condoída, disse-me:

– Mas, doutor, o senhor deve estar com frio!

Tranquilizei-a, respondendo que o vento frio não me fazia mal. E não dissemos mais nada.

Dois dias depois, presenteou-me com um lindo blusão de pele que servia precisamente para viagens de motocicleta. Ainda o conservo ciosamente.

Outra virtude importante que deixava transparecer era a grande e extraordinária fé e abandono em Deus. Mesmo diante dos acontecimentos mais trágicos e até o último instante de sua vida terrena, ela sempre resolveu tudo com um *fiat, Deo gratias!*

Deo gratias [Demos graças a Deus] nas ocasiões favoráveis, *Deo gratias* nas adversidades, *Deo gratias* também quando foi acometida pela incurável doença que se manifestou numa forma tão cruel e que, embora lhe conservasse a lucidez da mente, lhe tolheu a fala, impossibilitando-a de expressar-se.

Penso que sua existência, tecida de tantos *Deo gratias*, consumiu-se com um íntimo *Deo gratias*, deixando-nos, aos que restaram, o exemplo de excelsas virtudes" (Dr. Igino Barducci).

***

"Durante todo o tempo em que visitei a paciente, convenci-me de que estava tratando com uma religiosa de grande piedade, de incomparável força de vontade, animada por ardente desejo de restabelecer-se para voltar ao seu trabalho, embora se submetesse, ao mesmo tempo, à disposição da Providência.

Sempre tive a impressão de encontrar-me diante de uma religiosa de valor excepcional.

Exprimo, na integridade, a minha convicção" (Dr. Miguel Bufano, da Universidade de Roma).

***

"No dia 5 de fevereiro o coração da Primeira Mestra cessava para sempre de bater. Sua morte foi serena, harmonizando assim com a vigorosa serenidade com que suportara a longa doença, durante a qual, na impossibilidade quase absoluta de falar, os olhos revelavam sempre a chama lúcida da inteligência e o contínuo interesse pela sua casa. Seu olhar era meigo, mas brilhante como quem vê ao longe, com uma fé tão inabalável que qualquer empreendimento já se lhe tornou mais fácil.

E no edifício de tantos anos de trabalho, ela construíra sempre sobre a mesma pedra, *a bondade*. Movida por essa força, cada uma de suas ações irradiava um bem imenso: desde o abraço aos seus familiares, até o sorriso de uma criança ou a participação sensível nos problemas de todos. Então parecia natural que durante a doença, que para ela só teve o valor de espera, repetisse frequentemente, com um leve acento do dialeto de sua terra natal: paciência (*pazienza*, o Z e o I prolongavam-se um pouco). A mesma conformidade consciente havia demonstrado em outra doença grave, que superara com tranquilidade e desapego.

Quando, ao invés, a doença acometia uma das Filhas de São Paulo, mostrava-se então preocupada, ansiosa, maternal.

Se a encontrava após as operações, desejava notícias sobre a intervenção cirúrgica e sobre as condições de cada uma das pacientes. Assim foi por anos, desde 1945, quando na enfermaria da casa de Roma fiz as primeiras operações.

Ela quis concluir sua vida pelo bem das doentes com uma *obra de misericórdia*, que fala de caridade e de amor: o hospital Regina Apostolorum" (Dr. Francisco Ojetti).

***

"O recente desenlace de Irmã Tecla Merlo, Primeira Mestra da Congregação das Filhas de São Paulo, ao contrário do que costuma normalmente acontecer, não suscitou em mim perguntas angustiantes; proporcionou-me, antes, satisfatórias respostas.

À atitude exterior de grande simplicidade e humildade, Irmã Tecla unia um entusiasmo interior de ideias e iniciativas generosas, de ações construtivas e maravilhosas. Deixou monumentos imperecíveis, que perpetuam sua fundação, destinada a preparar uma falange daquele grande exército de religiosas que, diariamente, com a oração e as obras, servem fiel e incansavelmente a Deus.

A morte de Irmã Tecla, esperada com serenidade, assumiu, pois, o aspecto de conclusão de uma atividade, de um período de existência aceito como preparação de uma fase sucessiva da vida, tão grande e eterna que humanamente impossível de se imaginar.

Sua morte deu-nos a possibilidade de constatar como morre o santo" (Dr. Benjamim Serra).

***

"Num branco leito do hospital Regina Apostolorum, a Primeira Mestra aguardava o momento do seu grande encontro: aquele maravilhoso momento para o qual vivera sua vida inteira.

Seu rosto estava sorridente e revelava uma serenidade tão sincera e profunda que não era resignação, mas felicidade.

A seu redor, as Irmãs que a assistiam estavam ansiosas por fazer algo por ela; muito já haviam feito e muito haviam rezado. E agora estavam prontas a dar também a si mesmas, contanto que a Primeira Mestra sarasse.

Ela não podia mais falar. Arrebatada num colóquio com Deus, agora mais intenso que nunca, dirigia a quem se lhe aproximasse um olhar, qual preciosa mensagem de paz e amor.

Também eu tive a felicidade de conhecê-la, e todas as vezes que dela me aproximei me senti contagiado por aquela serenidade, que é desejo do sobrenatural, que é expressão do completo abandono à vontade de Deus. Permanecia serena também quando seu corpo era atormentado pelo sofrimento que ela ocultava aos olhos de todos e que oferecia a Deus, único que devia conhecê-lo.

A nós que não atingimos ainda a perfeição do espírito, parece-nos incompreensível que uma criatura humana, diante da morte, possa conservar-se tão profundamente serena e inspirar a todos os que dela se aproximam paz e consolação tão inefáveis.

Nem mesmo por um instante vi mudar sua atitude de extasiante espera.

Que poderia temer, ela que possuía tão extraordinária vida interior e que dedicara toda a sua existência terrena ao apostolado ativo?

Conseguira com sua atividade fazer germinar, crescer e amadurecer os mais belos frutos para a *vinha do Senhor*. E suas Filhas, hoje, trabalham nas diversas partes do mundo.

Vivera para a maior glória de Deus, possuíra o espírito sobrenatural que vivifica e transforma as almas. E agora, sofrendo, oferecia-se em união com Jesus Cristo ao Pai" (Dr. José Leotta, da Universidade de Roma).

***

"Nos últimos meses tive oportunidade de permanecer repetidas vezes em sua companhia; conheci sua doença e vi como seu organismo cedia sempre mais.

Pois bem, se dissesse que eu experimentava apenas um sentimento de compaixão, não diria a verdade, ou melhor, não diria mais que um natural sentimento que todo médico tem para com o seu doente. Bem outras e mais fortes eram minhas sensações; e mais que admiração, era respeito, estupefação e afeto por aquele espírito que eu jamais conhecera antes e que vivia agora mais forte que nunca, enquanto o organismo definhava.

Muitas vezes, contemplamos juntos no horizonte o mais belo espetáculo da natureza; eu percebia sua admiração e seu agradecimento a Deus pelo dom do belo, pelo dom do bem. Senti o amor, a caridade e o respeito de quem lhe estava ao redor; eram exatamente o amor, a caridade e o respeito que seu afeto impunha a todos.

Eu, que a assistia, não percebi sua morte, não pensei nela, não percebi nem mesmo quando chegou.

Creio que realmente houvesse ali um coro de anjos; não os vi, não era digno; percebi, porém, sua presença.

Agora não me parece justo fazer um elogio fúnebre de um corpo que está morto; porque na realidade o espírito é vivo e está aqui.

Não sentem, então, em toda a casa, nos quartos, entre as Irmãs, enquanto trabalham, enquanto rezam, o espírito de nossa mestra?

Ouçam à direita; no silêncio, ressoa a sua voz: *Deo gratias*" (Dr. Catucci).

A Igreja oficial

"Caríssimas Filhas de São Paulo, digo-lhes somente algumas palavras, porque a Primeira Mestra não necessita do meu elogio.

A mais alta forma de oblação que alguém possa fazer de si mesmo a Deus, é a que une as duas vidas: contemplativa e ativa.

Esta comunidade possui tal forma de doação. E foi isso que a sua cofundadora viveu.

Sou nome era *Tecla*. Santa Tecla é lembrada como a colaboradora de São Paulo. O nome de Tecla é, portanto, unido à universal obra apostólica de São Paulo.

A Primeira Mestra Tecla representou, personificou a vida contemplativa e a vida ativa, como fez a primeira Tecla.

Quem a conheceu, como eu a conheci, sabe muito bem que foi uma pessoa *contemplativa*. Vivia em contínua união com Deus. E ao mesmo tempo, como era *ativa*, interessava-se sempre pelas várias formas de apostolado da Igreja, em benefício das pessoas.

A meu ver, ela é, sem dúvida, uma santa: uma mulher extraordinária, sobrenatural.

Não havia, pois, motivo para que eu hoje aqui viesse, a fim de celebrar uma missa em sufrágio de sua alma. Mas vim simplesmente para render o maior tributo que um sacerdote possa oferecer: o santo sacrifício da missa.

A lição que a Primeira Mestra Tecla deixou a todas é esta: unir a vida contemplativa à ativa. A atividade apostólica das Filhas de São Paulo deve ser a manifestação externa da vida interior, da intimidade com Deus, mediante a oração, o sacrifício e a contemplação" (Cardeal Cushing, de Boston).

***

"Há alguns anos soube que a Primeira Mestra se achava no hospital Regina Apostolorum, para ser operada. Visitei-a.

Estava serena. Não se distinguia das outras. Não deixava transparecer o sofrimento físico.

Seu rosto refletia a serenidade do espírito. Depois da operação, durante a convalescência, vi-a ainda com um sorriso que exprimia paz e conformidade ao querer de Deus. No silêncio, no recolhimento, deslizava as contas do terço.

Sofria e oferecia.

Pouco depois, disseram-me que a superiora-geral viajara para a Ásia. Recomeçara a sua jornada. Restabelecida fisicamente? Não sei. Restabelecida nas atividades? Sim.

Durante a última doença, encontrei-a na atitude de sempre: serena, paciente e silenciosa. Atitude de intimidade, de comunhão, de inserção em Cristo.

Dessa vez não pôde falar. Mas tinha o mesmo sorriso pacífico, a mesma serenidade, o mesmo semblante a refletir paz, a mesma oração que santifica e acompanha o sofrimento.

A serenidade dessa mulher! A serenidade e a paz dessa fundadora! Primeira Mestra – madre-geral.

Falava pouco, com voz baixa e submissa, pronunciando apenas algumas palavras, as necessárias.

Tais são as características das almas concentradas e interiores. As características das almas unidas a Deus.

Concentrava-se toda num esforço contínuo para permanecer unida a Deus: assim eu a vi.

Pude admirá-la assim de passagem, sem voltar atrás. As primeiras impressões são geralmente as mais reais.

A serenidade dessa mulher e religiosa! Uma mulher que reflete essa sua condição de vida, como fruto de seus encontros com Deus. Era realmente contemplativa. Uma contemplação unida à ação" (S. Exa. Dom Macário, bispo de Albano).

***

"Há cinquenta anos, morreu na cidade de Saragoça um sacerdote – santo sacerdote e santo apóstolo da imprensa – que dissera a seus confrades: 'Não façam de minha morte uma tragédia, porque não o é; é, antes, um drama que termina na glória'. Não façam da morte da Primeira Mestra uma tragédia; é um drama que termina na glória.

Lembro-me dela; comunicava vivamente a imagem daquilo que era: tudo nela era límpido e claro, sem nenhum exagero. Notava-se que ela possuía a Deus, que unia maravilhosamente a contemplação à ação; a contemplação vivida, transformada em vida, pela qual não se fala muito, mas se age, apoiando-se não tanto naquilo que se ouviu dizer, mas naquilo que se viveu.

Tinha nos olhos dois faróis, como os de um carro que ilumina o próprio caminho; e levava a Deus no coração. Encontrava o Deus do seu coração vivo nas criaturas. Quantas experiências confirmaram e quantos fatos documentaram aquilo que ela havia aprofundado na meditação enriquecida de novos conhecimentos de Deus, para saborear ainda outros...

Como é linda a vida assim unificada! É a vida da Filha de São Paulo, a sua vida. Uma vida movimentada, preocupada, toda entregue ao livro e ao jornal. Perdendo-se a paz, a calma, o contato com Deus, não há luz. Se, ao invés, os corações estão unidos a Deus, então há luz, calor e força.

A Primeira Mestra não é somente mãe, mas é também modelo. Cada Filha de São Paulo que deseja ser digna desse nome deve espelhar-se naquela que sempre e em toda parte, em tudo e a todo custo, foi o modelo perfeito da religiosa paulina.

Santa religiosa, santa figura de apóstola, e de apóstola da imprensa!

E quando os fatos se apresentam assim, não resta outra coisa senão apresentar congratulações! Parabéns, minhas Filhas, porque possuem no paraíso a mãe e o modelo. Lá de cima ela repete: façam aquilo que eu fiz e receberão aquilo que eu recebi" (Cardeal Larraona).

**

"Esta filha que nós hoje contemplamos coroada mais do que todas as rainhas e imperatrizes do mundo, provém de uma família de trabalhadores.

É maravilhoso pensar que uma humilde jovem, uma humilde mulher, uma humilde Irmã, se tenha preocupado em iluminar o mundo com a cultura, com o apostolado da caridade, concretizado na difusão do livro, do filme; que antecipou os tempos, utilizando o rádio, a televisão e todos os meios modernos de divulgação do pensamento e de formação, a fim de chegar pela caridade a todas as almas" (S. Exa. Dom Mancini, bispo auxiliar de Óstia).

O Fundador da Família Paulina

Pe. Tiago Alberione

"Chamada por Deus, aos 20 anos, para uma missão especial, uniu-se ao pequeno grupo das jovens que se preparavam para serem futuras Filhas de São Paulo.

Era de saúde delicada, mas Nosso Senhor ajudou-a. E com a graça de Deus, chegou aos 70 anos, trabalhando assiduamente em cargos delicados e contínuos. Sempre débil, mas sempre forte, quando seu ofício exigia fortaleza.

Preparada e amada por sua bondade, sempre humilde e exemplar, foi encarregada de cuidar da comunidade, ofício que exerceu até o fim de sua vida.

No governo servia-se especialmente do exemplo e considerava a oração como meio imprescindível.

Suas ordens eram suaves; todas as Filhas de São Paulo podem afirmá-lo.

Para as Filhas de São Paulo tratava-se de uma vocação nova. Ela as dirigia e confortava. Nas dificuldades, era sempre como o óleo nas engrenagens.

Em Turim, disse ela certo dia: 'Doravante, precederei estas Filhas para encorajá-las, defendê-las e ensinar-lhes como devem apresentar-se e comportar-se na difusão dos livros'.

A preparação das Constituições, as aprovações, as igrejas, as novas casas, o aumento das vocações, a administração, num Instituto um tanto singular, tudo isso apresentava muitas dificuldades que ela resolvia especialmente com horas de adoração ao Santíssimo Sacramento.

Sempre humilde também nos sucessos, nas provações, nas relações com os outros, na disposição das coisas. E, ao mesmo tempo, sempre serena nos insucessos, contradições e incompreensões.

Era dócil. Possuía a docilidade que dispõe sempre o coração à vontade de Deus.

E as provações foram muitas.

Sua palavra e atitude em todas as circunstâncias da vida e igualmente na penosa e longa doença eram: *como Deus quiser*, ou expressões equivalentes.

Suas palavras eram recebidas com respeito e, frequentemente, com veneração. Percebia-se que provinham do encontro e colóquio com Deus.

Em muitas oportunidades, ordens e orientações, demonstrou ser inspirada pela sabedoria divina. O êxito foi prova disso.

A Primeira Mestra via tudo em Deus, tudo proveniente de Deus, tudo ordenado para Deus, todas as ações orientadas para a glória de Deus.

Quando se chega a esta meta então a alma está preparada para entrar no paraíso, porque o paraíso é glorificação de Deus.

Foi uma alma contemplativa. Rezava em toda a parte, porque continuamente e em todo lugar estava unida a Deus. Seu espírito se acrisolava. Uma luz sempre mais viva a iluminava. Sentia que o Esposo celeste a esperava.

No termo de sua vida, preferia escutar, considerar e saborear esta realidade: *procurar somente a glória de Deus*. Isso constitui o vértice da santidade. A alma encontra-se em uníssono com a Santíssima Trindade, com os anjos e os santos.

Já disse outras vezes que a santidade consumada consiste em procurar somente a glória de Deus.

A Primeira Mestra atingiu esse vértice".

Oração para pedir graças à Irmã Tecla Merlo

Trindade Santíssima, Pai, Filho e Espírito Santo, nós vos agradecemos pelos dons singulares de luz, graça e virtudes que concedestes à Venerável Irmã Tecla Merlo, e por tê-la escolhido como mãe prudente e guia seguro das Filhas de São Paulo.

Concedei-nos, por sua intercessão, a graça de viver amando o que ela amava: Jesus Mestre Eucaristia, a Igreja, o Evangelho, as pessoas procuradas e ajudadas através do apostolado da comunicação social, até o completo sacrifício.

Senhor, se estiver nos desígnios de vossa sabedoria, realizai também aqui na terra, para esta filha devotíssima de São Paulo, a vossa divina promessa: "aquele que me serve, meu Pai o glorificará". Exaltai esta serva fiel para a alegria da Igreja, pelo bem de muitos e concedei-nos, por sua intercessão, a graça que nós vos pedimos...

Pai-nosso, Ave-Maria, Glória.

Graças alcançadas, comunicar para
Superiora Provincial – Irmãs Paulinas
Rua Dona Inácia Uchoa, 62 – Bloco B
Vila Mariana
CEP: 04110-020 - São Paulo - SP
Tel.: (11) 2125-3521
E-mail: secretaria.provincial@paulinas.com.br

Cronologia

20 de fevereiro de 1894 – Teresa Merlo nasce em Castagnito d'Alba (Cúneo - Itália).

21 de fevereiro de 1894 – Recebe o sacramento do Batismo.

29 de setembro de 1907 – Recebe o sacramento da Crisma.

15 de junho de 1915 – Fundação da Congregação Pia Sociedade Filhas de São Paulo e abertura do "Laboratório feminino" de costura.

27 de junho de 1915 – Primeiro encontro de Teresa Merlo com o Pe. Tiago Alberione, na Igreja São Cosme e Damião, Alba - Itália.

29 de junho de 1915 – Ingressa na oficina de costura sob orientação de Pe. Alberione.

18 de dezembro de 1918 – Partida para Susa (Cúneo - Itália). Teresa é encarregada por Pe. Alberione para dirigir as jovens que trabalham na tipografia.

22 de julho de 1922 – Teresa Merlo e mais oito companheiras fazem os primeiros votos, constituindo-se assim a Pia Sociedade Filhas de São Paulo. É nomeada superiora-geral por Pe. Alberione e recebe o nome de Tecla.

23 de março de 1923 – Tecla e a comunidade das jovens de Susa regressam definitivamente para Alba.

19 de janeiro de 1926 – Fundação da Casa das Filhas de São Paulo em Roma.

15 de março de 1929 – O Bispo de Alba, Dom Re, assina o decreto que erige como Congregação religiosa, de direito diocesano, a Pia Sociedade Filhas de São Paulo e nomeia Tecla Merlo como superiora-geral, com o título de "Primeira Mestra", e são aprovadas as suas Constituições.

1928-1929-1930 – Fundação das primeiras casas filiais na Itália: Cagliari, Verona, Bari, Nápoles, Salerno, Treviso, Palermo, Gênova, Reggio Emilia, Údine.

1931-1932 – Fundação das primeiras casas no exterior: Brasil, Argentina e Estados Unidos.

13 de dezembro de 1943 – O Instituto das Filhas de São Paulo é elevado à Congregação de direito pontifício, através do *Decretum Laudis*, e são aprovadas as Constituições *ad experimentum.*

15 de março de 1953 – O Papa Pio XII concede a aprovação pontifícia à Congregação e aprova definitivamente as suas Constituições.

4 a 8 de maio de 1957 – Realização do Primeiro Capítulo-geral da Congregação, no qual Irmã Tecla é reeleita superiora-geral das Filhas de São Paulo por mais doze anos.

16 de junho de 1963 – Início da doença que levará Mestra Tecla à morte.

5 de fevereiro de 1964 – Mestra Tecla morre, no hospital Rainha dos Apóstolos de Albano – Itália, após receber a bênção de Pe. Tiago Alberione.

22 de janeiro de 1991 – O Papa João Paulo II reconhece a heroicidade das virtudes de Mestra Tecla e a proclama "Venerável".

Teresa Merlo aos 20 anos de idade.

Vicenza Rolando Merlo, mãe de Teresa, mulher enérgica, respeitada, meiga e forte.

Heitor Merlo, pai de Teresa, cristão coerente, exigia dos filhos a participação ativa na igreja, o respeito ao próximo, o amor ao trabalho, o senso de responsabilidade e do dever até o sacrifício.

Casa em que Teresa nasceu, em 20 de fevereiro de 1894, e viveu com seus pais e irmãos. Em 1989, a casa foi adquirida e restaurada pela Congregação que a transformou em espaço de oração e de encontros. Uma exposição permanente sobre a vida e a obra de Ir. Tecla enriquece a casa.

Igreja de Castagnito D'Alba, na qual Teresa foi batizada em 21 de fevereiro de 1894, foi catequista e frequentou na sua infância e adolescência.

Fachada da Igreja de São Cosme e Damião, em Alba, Itália. No dia 27 de junho de 1915, aos 21 anos de idade, Teresa Merlo encontrou-se pela primeira vez com Pe. Tiago Alberione, na sacristia da igreja.

Ele falou-lhe da imprensa como grande meio de apostolado e convidou-a a colaborar com ele na fundação de um instituto feminino, dedicado à divulgação do Evangelho, com os meios modernos de comunicação. Teresa respondeu-lhe *sim*.

A família de Teresa (1914). Em pé, da direita para a esquerda: Teresa, aos 20 anos, e os irmãos João e Constâncio, então clérigo.

Sentados, da esquerda para a direita: o pai de Teresa, o avô paterno, João Batista, a mãe e uma tia materna. Embaixo, no centro: Carlos, o irmão mais novo de Teresa.

O grupo das primeiras nove jovens que, no dia 22 de julho de 1922, fizeram a primeira profissão religiosa, com o compromisso de se dedicarem ao apostolado da "boa imprensa". Teresa recebeu o nome de Tecla e foi nomeada superiora-geral.

Em pé, da esquerda para a direita: Inês Manera, Edvige Soldano, Margarida Binelli, Francesca Cordero, Catarina Carboni, Paula Rinaldi. Sentadas, da esquerda para a direita: Teresa Merlo, Teresa Raballo, Paulina Boffi.

Irmãs do primeiro governo geral.

Ir. Tecla, que foi superiora-geral das Filhas de São Paulo por mais de 40 anos, repetia: "Jamais agradeceremos bastante ao Senhor pela grande graça de nossa vocação. É tão bela, nossa vocação paulina, que apenas a compreenderemos totalmente no Paraíso. Agradeçam ao Senhor porque as chamou ao melhor, ao Evangelho".

Primeiro hábito religioso das Filhas de São Paulo (1922).

Ir. Tecla fez inúmeras viagens missionárias, a fim de visitar as comunidades espalhadas nos cinco continentes. Ao longo de sua vida missionária, visitou 34 nações. Visitou o Brasil em 1936, 1946, 1952, 1953, 1955 e 1960.

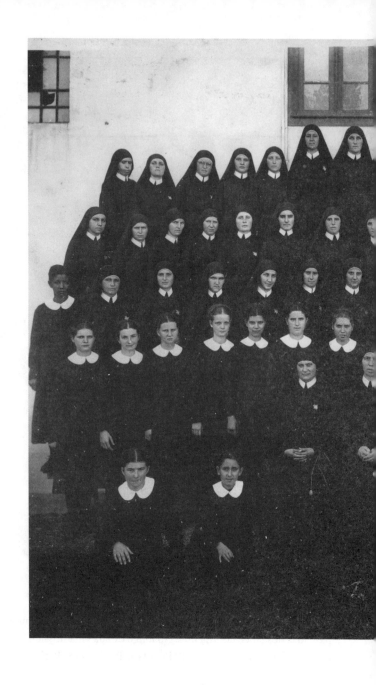

Ir. Tecla em visita ao Brasil em 1946, com o grupo das primeiras Irmãs e aspirantes.

Ir. Tecla Merlo e o fundador, Pe. Tiago Alberione, com as Irmãs e jovens brasileiras, na escadaria da comunidade da rua Domingos de Morais, 642, em visita ao Brasil em 1952.

Com coração missionário, animava as Irmãs e jovens a lançarem-se no mundo para o anúncio do Evangelho. Dizia: "Emprestemos os nossos pés ao Evangelho, para que corra e se estenda por toda parte".

Ir. Tecla em visita ao Brasil, em 1960, com Ir. Dolores Baldi, e aspirantes.

Ir. Tecla ao lado do fundador da Família Paulina, Pe. Tiago Alberione.

Ir. Tecla foi a primeira mulher que colaborou ativamente com Pe. Tiago Alberione no desenvolvimento da Família Paulina, composta pelas congregações: Pia Sociedade de São Paulo (1914), Pia Sociedade Filhas de São Paulo (1915), Pias Discípulas do Divino Mestre (1924), Irmãs de Jesus Bom Pastor (1938), Nossa Senhora Rainha dos Apóstolos para as Vocações (1957). Os institutos seculares: Jesus Sacerdote, São Gabriel Arcanjo, Nossa Senhora da Anunciação, Santa Família (1960). Associação dos Cooperadores Paulinos para o Evangelho (1917).

Em 15 de outubro de 1952, Dom Giovanni Battista Montini, então pró-secretário do Estado do Vaticano e futuro Papa Paulo VI, visita a Família Paulina de Roma e lhe transmite a bênção do Papa Pio XII para a produção dos 50 filmes catequéticos de curta-metragem.

Ir. Tecla, no aeroporto de Porto Alegre, RS, na visita ao Brasil, em 1960, ao lado das Irmãs Antonieta Audisio e Dolores Baldi.

Ir. Tecla, ao lado de um grupo de Irmãs na comunidade de Porto Alegre, RS, na visita ao Brasil em 1960.

Primeiro Capítulo Geral da Congregação realizado de 4 a 8 de maio de 1957, em Roma. Mestra Tecla foi reeleita superiora-geral para outro mandato de 12 anos.

A 22 de agosto de 1963, Ir. Tecla recebe o Papa Paulo VI em visita às Irmãs doentes do hospital Rainha dos Apóstolos, em Albano. O Papa presidiu a celebração eucarística, distribuiu a

comunhão a todas as doentes e exortou as Irmãs a valorizar o sofrimento com espírito ecumênico.

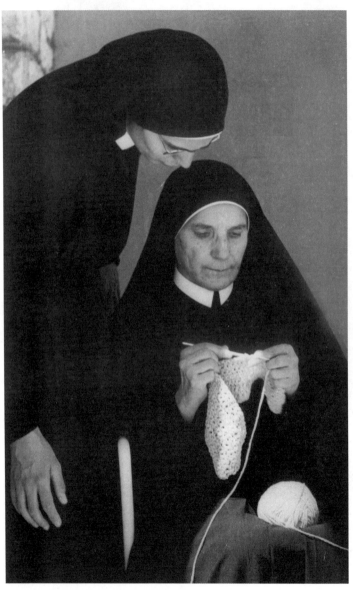

Hábil na arte de costurar, bordar, tricotar e em outras prendas. Nas horas de recreio, Ir. Tecla as ensinava às suas Filhas.

Em seu escritório em Roma, Ir. Tecla, como uma mãe, escrevia às Irmãs espalhadas pelo mundo e as acompanhava no desenvolvimento da missão.

Sua vida de oração, fé, humildade e sensibilidade às necessidades das pessoas era nutrida, cotidianamente, na profunda intimidade com Deus.

Impresso na gráfica da
Pia Sociedade Filhas de São Paulo
Via Raposo Tavares, km 19,145
05577-300 - São Paulo, SP - Brasil - 2018